KB233474

그래도,
난
공간디자이너

그래도,
난
공간디자이너

신동관 지음

PROLOGUE

사람에게 공간은, 행동하고 지낼 수 있도록 하는 장소이다. 모든 사람은 반드시 공간 안에서 목적에 따른 머물기를 하게 된다.

공간의 작은 변화와 제안에 따라 사람의 인식과 문화 등이 바뀔 만큼 매우 중요한 특성을 가지기에 전문가의 조언이 필요하다고 생각한다. 이러한 공간을 위한 디자인 분야의 전문가가 되기 위해 학습시간을 거쳐 학위를 취득한 자들을 기다리고 있는 사회는 혹독하기만 하다. 업무로 인한 어렵고 고된 작업이 혹독하다는 것이 절대 아니다. 노력과 열정이 준비된 자들에게 기회조차 제대로 주어지지 않고 학습과 거리가 먼 현실에 허무함과 동시에, 직업에 대한 가치를 느끼기 힘든 상황에 미래에 대한 기대가 사라지는 것을 이야기하는 것이다. 작업 결과물에 대한 불투명한 상태에도 불구하고 밤샘 작업의 반복에 금전적 보상이 제대로 이루어지지 않는 것도 한몫을 더한다.

사회는 더욱 치밀한 전문가를 선호하지만 디자이너의 작업시간은 인정하지 않고 무료 공급이 당연시되고 있다. 철저히 '갑'의 질서에 따라 강요받고 보이지 않는 으름장에 불가피하게 작업을 진행해야 하는 경우가 허다하다. 기존 기업을 비롯한 젊은 신규 기업을 포함하여 돈이 되지 않아도 작업기록 및 경력을 쌓아가기 위해 자의에 의해 또 타의에 의해 참여가 이루어지고 있다. 스스로 월급을 포기하고 기업 브랜드를 구축하기 위해 맨땅에 헤딩하는 심정으로 전문성을 키우려 애쓰는 전공자도 꽤 있다.

이 글은 약 2년 동안 조금씩 기록하며 작성된 글이다. 개인적인 경험을 비롯하여 여러 지인들과 공감대를 나눈 이야기를 엮었다. 더 많은 디자인 분야 전문가와 고객이 같이 공유하며 생각해볼 문제와 성장을 위해 발전적인 방향을 가지고 싶은 마음으로 기록하였다. 찬반론을 가질 수 있는 질타적인 의견이 예상되기는 하나 앞으로 나아가지 못하고 움츠리는 현실에 갑갑함이 느껴졌다. 또한 그동안 전문가로 성장을 가져야 할 공간디자이너들이 지나친 하수인 역할로 능력 발휘의 기회를 펼치기 어려운 사회적 대응 및 해외 디자이너를 우선시하는 현상에 위축되어 있는 상황이 안타까웠다. 이러다 보니 자신의 능력만큼 표출하기 힘들 뿐 아니라 물질적·정신적 대가를 받지 못하고 있는 실정에 대한 답답함을 일부나마 토로한 것이라 할 수 있다. 이러한 모습은 우리 스스로의 내적 문제를 포함하며

사회적인 외적 책임도 동반한다. 쓴소리와 냉정하고 비판적인 내용
이 담기기는 하였으나 '긍정적인 미래'의 공간디자이너를 위한 마음
에서 시작된 글이다. 철없는 목소리라 여겨질 수 있으나 열정적으로
열심히 자신을 혹사시키며 발전을 갈구하는 모든 공간디자이너와
디자인 전공자들을 위한 작은 논쟁(?) 같은 담소거리를 담았음에 나
름의 의미를 부여한다.

2015

신동관

목 차

PROLOGUE / 5

01 신입 위치에서의 실상 / 11

02 시간만 채우고 있는 경력자 / 25

03 디자인에 대한 가짜 인식 / 35

04 줄다리기 / 45

05 고객 설득과 무료서비스 / 52

06 규정되어 있지 않은 디자인 법칙 / 61

07 시공하면 설계비 공짜 / 69

08 PT의 속임수 / 74

09 디자이너의 열정 / 81

10 복사판인 한국 실정 / 87

11 거지심보, 도둑심보 / 91

C O N T E N T S

12 해외 디자이너들괴의 차등 / 96

13 한국 디자이너들의 한숨 / 101

14 전공성을 획득하기 위한 고된 훈련 / 106

15 가능성을 가진 디자이너들 / 110

EPILOGUE / 118

01

신입 위치에서의 실상

　전국적으로 매년 디자인 관련 졸업생은 3만 5천 명에 이르고 디자인 관련 학과 학생 수는 12만 명이 넘는다. 많은 전공자 배출에 이르는 현실이지만 아직 전공성은 크게 인정받지 못하는 실정이다.

　새로 들어온 의미의 신입은, 처음 접하는 사회에 그들이 어떠한 진행으로 일을 해서 나아갈 것인지에 대한 두려움과 기대를 가지고 업무에 참여한다. 대학에서 학문적으로 공간학(空間學)이 내포된 실내디자인 전공을 배우고 갓 졸업한 사회 새내기들로 지칭되는 신입들은, 자신들의 역량을 제대로 발휘하게 될지, 사회는 이들을 맞이할 준비를 하였는지 여러모로 고민스럽다.

　각 기업에서 특성을 제시한 일부 공고 기준의 공통점을 살펴보면, 신입들에 대한 기본적 자질에 대하여 참을성과 정해진 일정 및 약속을 잘 지키는 등 자신을 잘 컨트롤하는 '건강한 성격의 소유자'들을 선호한다. 도발적인 젊은 아이디어가 디자인 작업으로 여겨질 수 있으나 시간성에 채워진 경력으로 인하여 자신의 전문성을 다져가는 직업 성격이 강하다고 생각하기 때문이다. 이러한 이야기를 하면 소위 '야근'을 떠올리며 '신체가 건강하면 되는 건가'로 오해할 수 있겠으나 빠르게 요구되고 변화하는 모든 트렌드를 재치 있게 캐치하며 신선한 아이디어를 발산하는 역할을 꾸준히 할 수 있겠는가 하는 점을 우선시하는 측면이라 할 수 있다. 두뇌에서 끊임없는 진동과 움직임에 버틸 수 있도록 스스로를 제어할 수 있는가와 디자인을 통해 공간을 생성하며 움직임을 이루도록 숨 쉬게 하는 패턴을 설정하는 능력이 요구된다는 말로 덧붙일 수 있겠다. 디자인 관련직은 꾸준한 지속력으로 견디며 자신과의 싸움에서 버틸 수 있는 대상자가 필요하다.

자신과의 힘겨루기가 시작되는 신입들에게, 모호했던 상상의 세계로부터 진짜 디자인을 보는 세계로 들어온 것을 환영한다. 공간디자인은 실제 상황이다. 실수는 사람을 다치게 하고 오류는 사회적 문제로까지 번질 수 있다. 반면에 작은 아이디어와 성의 있는 디자인이 다수의 사람들에게 즐거움과 행복을 느끼게 함과 동시에 문화의 흐름을 발전시키는 계기를 주기도 한다. 문화와 흐름을 같이하고 디자이너의 열정과 노력으로 사람들의 웃음을 볼 수 있다는 것은 보람을 넘어선 희열에 가깝다. 사람을 감동시키는 것보다 더 큰 매력이 있을까? 이러한 것을 느껴볼 수 있는 이 분야의 모든 신입들에게 공간을 위한 디자인 전공에 입문한 것을 축하해주고 싶다.

가장 많이 질문을 받는 것은 '공간디자인 전공자로 후회는 없는가?'이다. 그리고 다음 질문이 '공간디자인이란 무엇인가?'이다. 공간디자이너로 후회보다는 심각한 고민에 빠져본 적이 있다. 둥둥 떠

다니는 아이디어를 제대로 적용해볼 수 없는 급급한 현실에 화가 나서 잠시 정체기를 가졌었던 내게는 큰 고민이었다. 그것을 극복하기 위하여 현재도 노력하고 있다. 보수성－정치적 성향이 아닌 개방 및 수용하는 것에 서툰 아집적인 성향을 의미－을 띠는 대한민국의 정서상 소위 튀는 혹은 독특한 발상은 물리적·현실적 조건에 제어당하기 때문에 제대로 아이디어를 전개해 나가기가 어렵다. 한편, 디자인 작업의 진행과정 안에서 ‘디자인’의 의미부터 모호해진다. 고객에게 디자인 제안에 따른 설명이 잘 전달되지 않고 더욱이 그들은 경험하지 않았거나 몰랐던 것을 잘 수용하지 않는 편이다. 고객은 자신에게 익숙하지 않거나 알지 못했던 것은 인정하고 싶어 하지 않아 하며 새로운 것에 신뢰를 가지기 어려워한다. 이러다 보니 디자인 소통이 쉽게 이루어지지 않으며 디자인 가치 및 의미에 따른 ‘이유’에 대한 논의가 군더더기로 치부되는 경향이 잦다. ‘어디의, 어떤 식’으로 해달라, ‘미디어에 나타난 트렌드’에 맞춰달라는 주문 방식이 강하다. 외향적인 홍보성에 강한 정서가 반영되어 해외 특정 디자이너에게는 무척 관대한 실정에 더욱 움츠리게 한다. 이러한 이유로 복사 및 유사한 기존 사례 이미지를 우선적으로 디자인에 반영하려는 방식을 찾고 길들여지는 것의 답습이 이루어짐에 누굴 탓하겠는가? 흡사 그럴듯한 이미지를 찾는 것이 디자인의 탁월한 방법인 양, 멋있어 보이는 그림 찾기 놀이를 하는 것 같다.

　가장 난감한 현실은 신입의 오류적 사고이다. 여건과 대상에 따라 다르겠지만, 약 2년간의 시간을 최소한의 신입 기간으로 여긴다. 1년은 적응하고 업무 흐름을 파악하고 다음 1년이 무언가 자신의 패턴을 찾아가는 노력이 이루어질 수 있는 기본적인 시간이 주어진다고 여겨지기 때문이다. 따라서 최소 2~3년은 신입 기간이라 해도 무리가 없다. 근데 여기서 문제가 발생한다. 몇 개월 인턴을 벗어난 사원부터 막 1년을 벗어난 사원들은 새로운 신입들을 맞이하면서 마치 스스로를 무언가 갖춘 전문 경력자로 오인하기 시작한다. "이 인테리어라는 것은, 내가 해보니……", "인간이 할 짓이 아니다……", "내가 좀 누구도 알고 어디도 가보고 뭐도 해봐서 아는데……" 등등. "해보니", "아는데"가 가장 많은 대화의 단어로 사용된다. 이 분야의 모든 답을 쥐고 있고 알고 있다는 듯한 강한 어투이다. 무척 위험한 태도이다. 사람을 알아가는 데는 최소한의 시간이 필요하다. 기업을 알아가는 데 역시 관심과 시간이 필요하다. 오랜 시간 파고들어도 모르는 것이 사람 속과 기업주의 마인드이다. 어찌 다 안다고 자만할 수 있는지 대단하다고 여겨진다. 비서 역할을 10년간 하면서도 실제 운영하며 고뇌하는 임원진의 속내를 알 수 없다. 그들이 어떻게 생겼는지, 어떤 차를 타는지, 어떤 음식을 좋아하는지, 어떤 목소리를 가졌는지…… 단지 남들보다 조금 아는 것 정도일 것이다.

한 번 내뱉은 말은 주워 담기 어려우며 쉽게 판단한 내용에는 실수가 많고 실속이 없다. 실수를 줄이고 자신이 처한 상황을 부정적인 측면으로 이끌 수 있는 빠른 속단과 자신만의 해석을 객관화하는 나쁜 습관이 생기지 않기를 바란다.

다음은 신입들의 생각을 듣고자 공간디자인에 속하는 각기 다른 기업의 1년 미만 사원들의 설문을 수록하였다.

[설문 내용]

1. 입사 이후 자신이 느낀 인테리어 디자인의 실상
2. 신입의 역할에 대한 자신의 의미
3. 회사 혹은 상사가 신입에게 대하는 모습
4. 상사의 모습을 통해 자신이 생각하게 된 것
5. 신입의 위치에서 지금 제일 고민되는 점
6. 회사에서 자신이 해야 하는 역할

[설문자 1]

1. 대학 4년 동안 좋게 생각하면 디자인적인 발상과 시도, 작품 등을 많이 할 수 있어서 좋았다. 그러나 실질적으로 인테리어 실무에 쓰이는 마감재나 시공적인 부분, 구조적인 부분, 그리고 견적 산출법이나 엑셀의 활용 등 전혀 배경지식이 없었다. 학생 때 전공수업에 엑셀도 넣어야 한다는 것과 견적 산출시공 수업에도 비중이 커져야 한다는 것을 회사 생활하면서 느꼈다. 달나라에서나 가능할 법한 독특한 디자인 개념과 졸업작품에 목숨 거는 일들이 다 부질없다는 것을. 제발 대학들은 현실을 직시하고 학생들을 실무에 투입하여 사회와 대학생활 간의 괴리감을 줄여줬으면 좋겠다.

2. 신입은 프로젝트를 하나 가지고 가면서 상사들 모두를 지원해 주는 역할을 하는 거 같다. 그래서 업무시간인 9~6시에는 상사들의 일을 도와주고 지원해준다. 정작 자신의 프로젝트는 6시 이후부터 해야 된다. 야근을 피할 수 없다. 그리고 생각보다 이 업계에 전공자

가 별로 없으며 4년제 전공과 출신이 별로 없다. 또한 신입으로 들어오는 친구들에게 상사들은 별다른 기대치를 갖지 않는다. 주요 전공 업무보단 복사, 마감재 수급, 스캔 등등이 더 많다. 그러다가 슬슬 본업을 가르쳐주는 것. 그 반면에 신입들은 자기가 입사하면 뭔가 대단한 역할을 해내야 할 것 같은 압박을 받는데 그러지 않아도 된다. 상사가 원하는 신입은 그냥 모르는 건 바로바로 물어보는 것, 되도록 같은 실수를 반복하지 않는 것, 그리고 하나를 알려주면 5가지를 응용해내는 것. 그 정도면 된다. 몰라도 계속 물어보고 반복해서 물어보면 된다. 그냥 자기 마음대로 결정하고 생각해서 도면을 그린다거나 일 진행을 하는 그런 일만 생기지 않도록 일 처리를 하면 된다.

3. 상사가 잘못 지시해놓고 되레 나에게 '왜 이렇게 했냐'며 덮어씌울 때가 있었다. 난 그냥 더 윗사람한테 그대로 보고했다. 예전 실장님은 6시가 넘어도 퇴근을 하지 않고 11시든 12시든 '정리합시다'라는 말을 해야 그날 업무가 종결됐다. 그것이 '룰이었나' 했던 거 같다. 그래서 너무 스트레스를 받았다.

현장 경험 중에 한번은 가구도면을 그리다가 일손이 부족하여 팀장님에게 부탁을 하였다. 근데 싱크대 높이 실측을 900mm로 했는데 팀장님이 그걸 950mm로 그려놨다. 당연히 가구업체는 그걸 950mm로 만들어서 시공해놨다. 현장에서 보고 얼마나 화가 치밀던지, 팀장님이 그린 도면을 내가 확인하지 못한 멍청한 행동에 화가 났지만 내가 900mm로 불러줬어도 850~880mm로 수정시켜야 할 사람이 그걸 950mm로 그려놔서 너무 화가 났다. 지금 그 팀장님이 언제 퇴사할지 두고 보고 있다.

4. '난 저런 상사는 되지 말아야지'라는 생각이 제일 많이 들었다. 가정이 있다고 야근할 거 다 떠넘기고 6시 퇴근하는 상사, 아래 직원들 하는 일은 나 몰라라 하고 본인 볼일 보다 가는 상사, 업무시간에 잠을 청하는 상사 등을 보면서 저런 상사는 되지 말아야겠다는 생각이 깊이 들었다.

나의 직접적인 사수에게 배울 점은 항상 노력한다는 것, 자기가 모르는 건 업체에 전화를 걸어서 직접 보고 알 때까지 그려보고 확인하는 것. 끝없이 노력하는 사수였다.

5. 이 회사 그만둬야 하나? 비전공자 및 능력 없는 선임들에게서 나는 무얼 배울 수 있을까라는 생각이 들었다.

6. 이익창출, 외부적으로 특히 '갑'뿐 아니라 '을'과 협의할 때 똑부러지게 일 처리하는 것

[설문자 2]

1. 대학교육은 보이는 미적인 것에 많이 치중해 있다는 점을 느꼈다. 또한, 입사 후에 필요한 실무적이고 체계적인 교육이 많이 부족해 있음을 느꼈다.

2. 신입에게 바라는 것은 많은 능력이 아닌 성실이 가장 중요한 것이라 생각한다.

3. 상사마다 대하는 경우가 다른 것 같다. 느끼는 것과 생각하는 것의 차이라 생각한다.

4. 가르침에 있어서 인색하지 않은 상사가 되어야겠다는 것을 느꼈다.

5. 신입으로서 상사와의 관계 속에서 끊고 맺음이 고민된다. 어떠한 선까지 나서야 하고, 어떠한 선에서 멈춰야 하는지를 더 고민하고 배워야 할 것 같다.

6. 내가 가진 능력을 최대한 발휘하여 회사에서 더 나아가 사회에 도움이 되는 것이 나의 역할이라 생각한다.

[설문자 3]

1. 내가 하고자 하는 디자인을 하지 않고 클라이언트의 금액에 맞게 디자인을 해야 할 때

2. 신입은 대학교 5학년, 현실감을 익히는 실무수업 중이라고 생각한다.

3. 사회에서 신입을 키우려는 생각보다는 자신의 업무량을 줄이려는 수단으로 사용하는 점

4. 정말 성격 좋은 실장님 만나고 싶다. 지금의 상사는 소리 지르고 마음에 안 들면 바로 화를 내서 자꾸만 위축이 된다.

5. '내가 이 일로 정말 원하는 삶을 살 수 있을까' 그런 생각이 들곤 한다. 왠지 안 될 것 같은 불길한 현실. 내가 꿈꾸던 디자이너와 현실에서의 디자인은 괴리감이 크다.

6. 무엇이든 열심히 욕먹어도 웃고 슬퍼도 웃기. 일단, 맡은 일은 어떻게 해서라도 완성하기. 그래야 많이 배우는 듯싶다. 상사 마음 읽어내기, 말하지 않아도 척척 하기. 그래야 예쁨 받으니까.

[설문자 4]

1. 대학생활 내내 배웠던 수업들은 그저 시각적으로 보이기에만 급급했던 것들이 아니었나 싶다. 정작 현장이 어떻게 시공되는지 어떤 구조를 가지고 마감재가 마무리되는지는 하나도 모르는 채 남들이 하니까 하는 프로그램들(cad, max 등)의 스킬만 좋으면 최고라고 생각하고 그저 멋진 형태, 멋져 보이는 디자인만을 하기 위하였던 것 같다. 정작 실무에서 쓰이는 마감재의 명칭이나 가구디테일이 어떻게 풀리는지에 대해서는 제대로 알지도 못하는 채로.

오히려 4년제 나온 나보다 2년제를 졸업한 입사동기가 실습에 나와서 혹은 수업에서 배운 내용으로 나보다 더 실무에 적합한 사람인가 하는 생각이 들기도 했다. 4년 동안 난 뭘 한 거지 하는 생각. 하지만 반대로 대학시절의 그런 창의적이고 학생스러운 발상으로 현실적인 문제에 부딪히지 않고 디자인을 할 수 있었기에 좋은 점도 있지 않을까 싶기도 하다.

2. 물론 배우는 입장이고 하나하나 알아가는 입장이므로 야근이 잦을 수도 있고, 그만큼의 시간을 투자하는 것도 맞지만 회사 입장과 상사 입장에서 너무 당연시 여기는 점이 많은 것 같다. '인테리어 회사니까, 우린 이렇게 해왔으니까' 하는 생각으로 신입들을 대한다. 그래서 좀 더 일찍 시작될 수 있는 하루 일과를 오후부터 시작하게 되니 당연히 퇴근시간이 미루어지고, 야근을 하게 된다.

신입은 좀 더 다양한 방면으로의 아이디어를 낼 수 있는 사람이라고 생각한다. 물론 허무맹랑할 수도 있고, 실무자의 입장에서 봤을 때 말이 안 된다고 생각할 수도 있지만 그만큼 틀에 박히지 않고 다양한 생각을 할 수 있는 존재이기도 하다. 본인들의 답답한 디자인만을 강요하고 본인들의 생각만을 디자인화시키려고 하지 않고, 다양한 아이디어를 함께 공유하고 피드백해 나갈 때 좀 더 좋은 디자인이 나올 수 있지 않을까?

3. 정말 이해가 안 가는 부분이 많다. 본인이 잘못 지시한 부분에 대해 혹은 제대로 알지 못하는 상황에서 업무를 분담해놓고 계속된 수정을 시킨다. 일을 지시할 때는 어느 정도 확신이 잡힌 상황에서 해야 하는데 본인 스스로도 어떤 방향이 좋을지에 대해 감을 잡지 못한 상황에서 일을 하게 되니 아랫사람은 더더욱 갈피를 잡을 수 없는 상태로 일을 하게 된다. 또한 실장과 소장이 회사 근처에서 사는 경우, 정말 출퇴근이 모호해진다. 직원들은 9시부터 나와 하루 일과를 시작하는데 윗사람들은 11시, 12시가 되어서야 슬렁슬렁 나와서 하루 일과를 시작한다. 그러다 보니 제대로 된 업무는 2시, 3시가 되어야 시작되는 경우가 허다하고 업무시간에는 본인들의 개인적인 업무를 보기도 하며 12시가 넘어서야 퇴근한다. 직원들은 그 분위기에 휩쓸리기도 하고, 업무가 늦게 시작되니 은근슬쩍 퇴근시간이 늦어지는 경우가 허다하다.

또, 이런 사람은 되지 말아야겠구나 하는 상사의 모습도 정말 많았던 것 같다. 4시, 5시부터 업무를 분담해주고 내일까지 마무리해놓으라는 상사(본인은 6시만 되면 칼같이 퇴근을 했다). 분명 다음 주 마감인 프로젝트가 있는데 본인은 주말에 출근을 하지 않고 나 몰라라 하는 경우도 있었고, 어떤 사람은 그저 자기의 생활 패턴이 그러하기에 다른 사람들도 늦게까지 일하는 게 당연하다고 여기는 경우도 있었다.

4. 정말 좋았던 사수가 있었다. 내 일임에도 본인의 일처럼 신경 써주고 도와주려고 노력하고, 옆에서 기침이라도 하면 괜찮냐고 좀 쉬엄쉬엄 하라고 따뜻한 말도 건네주는 분이었다. 이렇게 인간적인 모습으로 친밀도가 생기게 되면 그 사람이 어떤 일을 잘못 지시하고 다른 방향으로 가더라도 좀 더 넓은 마음으로 포용하고 이해할 수 있게 된다. 그만큼 충분한 소통이 이루어질 때 가능하다고 여겨진다.

신입이니까 '이렇게 해', '저렇게 해' 하는 무시하는 듯한 행동과 말투는 자제해주었으면 한다. 상사로서 아래 직원을 좀 더 넓은 마음으로 포용하고 이해해줄 수 있는 사람이 아랫사람을 자기편으로 만들 수 있는 사람이라고 생각한다.

또한 지금의 실장님은 내 디자인을 존중해주고 좀 더 나은 방향으로의 피드백을 제안해주신다. 아랫사람의 프로젝트에 대해 나 몰라라 하거나 자기의 디자인만 강요하며 나를 오퍼레이터 정도로밖에 생각하지 않는 상사보다 훨씬 더 따르게 되고 도움을 많이 받는다고 생각된다.

5. 이게 정말 맞는 걸까? 하는 생각이 일 년에 3번의 고비를 만들 었었다. 잦은 야근과 밤샘, 개인적인 시간은 하나도 없이 주변을 챙 기지도 못하고, 내 몸만 망가지면서 사는 삶이 정말 옳은 걸까 싶었 고, 전공을 살리지 않은 친구들이 월차와 연차를 모두 챙기고, 제시 간에 출퇴근을 하면서 나보다 더 높은 연봉을 받고 생활하는 모습을 보면서, 차라리 저런 삶이 더 낫지 않을까 하는 생각과 고민이 가장 많이 들었었다.

6. 윗분들은 사무실에 있는 시간보다 대외적으로 나가서 활동하는 시간이 더 많다. 미팅과 영업적인 부분을 병행하다 보니 설계실 내

에서 일어나는 일반적인 업무를 다 보조하게 된다. 마감재 조사부터 업체연락, 샘플요청뿐 아니라 도면에 관련된 설계, 때로는 실측을 나가기도 한다. 지금은 이렇게 하나하나 배워가는 단계라고 생각한다. 단순히 지시하는 일만 하는 게 아니라 책임감을 가지고 프로젝트를 진행하며 하나하나 내 것으로 만들어가는 단계이지 않을까 싶다.

[설문자 5]

1. 실무적인 부분을 학교에서 너무 배우지 않아서 디테일적인 부분이나 시공이 되어가는 부분에 대한 방법에 대하여 알지 못했다. 그리고 학교에선 막연하게 디자인을 많이 했다면, 실상은 금전적인 부분이 어느 정도 지원되지 않는다면 디자인을 현실화하기 어려운 부분이 많았다(기술적인 부분 등).

2. 신입이라고 기죽고 시키는 일만 하는 것이 아니라 팀 프로젝트가 있으면 의견도 제시하고 같이 만들어가는 역할을 해야 한다고 생각한다. 물론 지금도 그렇긴 하지만 좀 더 능동적인 사람이 되어야 할 것 같다. 그리고 한 회사에 있는 한 내가 모르고 배우고자 하는 건 적극적으로 물어가며 배워야 한다고 생각한다. 다행히도 지금은 회사와 나의 의견이 어느 정도 일치하는 것 같다.

3. 신입도 디자이너라고 존중하는 듯 디자인 작업을 하도록 지시하지만, 퇴근시간이 지나도 상사가 퇴근하지 않으면 퇴근하기가 힘들다. 막상 약속이 있으면 말하고 가라고 하지만 그게 쉽지 않다.

4. 자신이 지금까지 해온 방식이 100% 정답이라고 생각하지 않았으면 좋겠다. 각자 그들만의 디자인 스타일과 일의 방식이 있으면

어느 정도는 받아들일 줄도 알아야 한다고 생각한다. 그리고 인간미 있는 상사가 되고 싶다. 부하 직원들이 접근하기 힘들고, 사적인 대화도 자연스럽게 나누지 못하는 상사가 아닌 편한 사람이 되고 싶다.

5. 만약에 이직을 한다면 회사에서 어느 정도 배운 것을 어디까지 배웠다고 하는 것인지 모르겠다. 그리고 신입의 위치에서 얼마나 배우는 것이 평균적인지 모르니 항상 내가 하고 있는 게 맞는지, 제대로 배우고 있는 것인지 고민이 된다.

Tips

보여주는 것만큼 신뢰가 가는 방법이 있을까? 지켜야 할 회사 규율을 잘 지키고, 눈에 벗어나지 않는 행동과 열정을 보여주기 바란다. 더불어 디자인 작업은 '소통(communication)'이 먼저이다. 디자이너 간의 소통, 고객과의 소통을 원활히 하도록 노력해야 할 것이다.

신입의 업무작업에 있어서 불합리하다고 여기거나 진행 상태의 의문사항 발생 시, 자신의 말과 생각을 객관적이고 타당성 있게 전달하는 방법을 강구해보기를 권고한다. 디자인 작업은 타인을 설득하고 이해시키는 방법이 잘 준비되어 이루어져야만 시각적인 결과물로 이어진다. 팀과의 소통부터 문제가 된다면 좋은 작업과 디자인은 나오기 어렵다.

입장을 바꾸어 생각해보기를 바란다. 주어진 일정과 시간 안에 자신의 역량을 잘 보여주었는데 무작정 야근을 권고하고 눈치만 보라고 하는 어리석은 상사는 그다지 많지 않다. 팀 작업에서 본인의 역할에 충실한 것이 무엇인가를 타협해보라. 자만심은 버리고 자신감으로 본인을 위한 개발을 놓지 말아야 한다. 젊음이라는 시간에 무엇이 '제대로 즐기는 것'인지를 현명한 신입들은 판단할 수 있을 것이다. 자신을 위한 실전상황이 시작된 시점이다. 제출된 리포트가 미흡한 듯하여 다시 보충하여 제출하면 점수를 고려해줄 것 같은 학교가 아니다. 똑똑하게 자신을 잘 드러내는 행동을 매력적으로 표출하여야 한다.

02

시간만 채우고 있는 경력자

사원, 주임, 대리, 과장, 차장, 이사, 실장, 전무, 상무, 팀장, 본부장, 소장……. 회사마다 직급은 구분되어 있다. 그리고 직급마다 구별되는 업무자리가 있다.

또한 직급마다 구별되는 업무내용이 있게 마련이다. 직급이 높을수록 권위와 연봉은 올라간다. 진급이 되는 분명한 이유가 있고 최소한 한 가지 이상 우월한 능력은 지니고 있기에 가능한 것이라 여겨진다. 그러나 실제 실무에서 그렇지 못한 대상자들을 종종 만나볼 수 있다. 실력을 갖추지 못하고 임원직으로 책임 있는 업무에 임하다 보니 디자인 분야의 전문성 및 발전모습이 더디게 이루어지는 이유가 조금은 작용한다고 생각한다. 왜 그럴까? 가장 흔한 이유가 높은 이직률을 꼽을 수 있다. 평균연봉이 낮다 보니 뜀뛰기 방식을 선호하는 편이다. 자신이 일부분 참여한 프로젝트를 포함한 타인의 포트폴리오를 첨부하여 시각적 경력을 챙겨 회사를 옮겨가는 양상이 많이 나타난다. 어깨 너머로 참여한 프로젝트도 책임자 역인 디렉터로 표기하는 것은 쉽게 이루어지며 프로젝트가 부족하다고 여기면 가까운 지인의 도움을 요청하기도 한다. 한곳에 머무르는 것보다 이직을 통해 협상을 이루며 연봉을 높여가는 방식이 수월하기 때문이다. 기업에서 장기 근무자에 대한 혜택을 주기 어렵고 디자인 특성상 개성 있고 능력 있는 전문가 교체도 쉽게 이루어지기 때문이다. 기업의 비전을 가지고 개인의 미래를 같이 진행하기에 좋은 구조를 가지기 어렵다 보니 차곡차곡 야무지게 익은 전문가는 매우 적은 편이다. 이러한 배경은 전반적인 사회의 현상이 큰 역할을 한다. 이러한 뒷받침 이야기는 전체적인 글을 통해 보충이 될 것으로 여겨진다.

자신의 위치를 점핑하며 연봉을 높여 이동하는 것이, 갑갑한 현실에서 실속을 챙기며 자신의 이익을 취하려는 행위가 현명하게 판단되는 것이다. 장단점이 있겠지만 많은 이동을 통해 경력을 가진 자들은 헛점이 많은 것을 알 수 있다. 체계적인 시스템으로 프로젝트를 대하기보다는 결과적인 시각물에 치중하여 설익은 과일 같은 느낌을 받게 한다. 또한 장시간 근무경력이 적다 보니 책임을 지는 일에서 회피하려는 경향이 짙다. 중책의 책임을 짊어지게 되면 다른 이직을 고려한다든지, 타인의 책임으로 여러 이슈를 만들어내기도 한다.

디자인 분야 특성상, 정규직 근무보다는 계약직을 선호하는 전문가들도 꽤 있다. 그만큼 단기간 높은 금액으로 계약을 이루기 때문이다. 이런 경우 이직과 다르게 프로젝트 단위로 계약근무체계 전문가이다 보니 조직체계의 질서적인 참여도가 적은 편이다. 프로젝트의 수행에 따른 성과도는 높은 편이다. 단, 사후관리 측면에서 어려움이 많고, 프로젝트 이후 계약 종료이기 때문에 기업 측면에서 차후 발생하는 문제들을 관리하기에 어려운 일들이 왕왕 발생한다. 전문성에 대한 단기간 성과를 안고 또 다른 프로젝트에 참여하면서 자신의 위치는 확립되면서 큰 목소리로 추진할 수 있으나 관리적인 측면과 시스템적인 측면의 경험도가 적기 때문에 공사 이후에 관한 고려가 적을 수밖에 없다. 공간디자인은 설계의 초기단계가 가장 중요하며 사용자의 지속적인 사용을 동시에 고려하여 반영하는 관리내용 역시 중요하다. 시작단계에서 적극성이 뛰어나지만 뒷일은 책임지지 않는 타입인 것이다.

경력자들의 모습은 후배들의 본보기가 된다. 문화는 전달되고 업무 패턴도 전수된다. 좋은 본보기가 이루어질 때 디자인산업의 발전이 가능할 것이다. 축적된 경력으로 으름장을 놓는 한심한 경력자들과 자신이 경험한 것만을 정답으로 여기고 강요하는 선임의 역할 그리고 협력업체를 군림하며 챙김을 받는 대장 역할을 보고 배운 젊은 디자이너들 역시 자신을 따르며 챙겨줄 수 있는 협력업체부터 찾는다. 업무 보기에 말 잘 듣고 뒷거래가 가능한 업체가 우선순위가 된다. 자신의 경험과 지식을 잘 활용하도록 더욱 실력을 갖추고 새로운 것에 고민하고 소통하는 방법을 익히기보다는, '나는 10년 차, 나는 15년 차, 어디서 5년 차 주제에……' 등을 되풀이하며 권력적인 언행을 일삼는 경우가 허다하다. 심지어 남녀를 구분하며 여자상사에 대한 반발에 모욕적인 행위와 언행을 일삼는다.

능력은 연차만큼 늘어가지는 않으면서 경력의 기간만 채우고 있는 경력자들과 다르게 존중받으며 권위 있는 경력자들은 소수에 불과하지만 다른 모습으로 진중함을 보여준다. 드러내지 않아도 잔잔한 카리스마를 보이며 어떠한 디자인을 해야 할지에 대한 고민과 노력으로 자신의 시간을 보낸다. 협력업체를 군림하기보다는 도움을 통해 새로운 기술과 제품을 접하며 디자인의 시각을 꾸준히 높여가고 최대한 긍정적인 소통을 이루며 협조와 동의를 통해 결과물을 이끌어내려 한다.

한 단계씩 직급이 높아진다는 것은 큰 책임감을 가지고 스스로를 믿고 수행을 해야 하는 무거운 자리로 옮겨지는 것이다. 즉, 쌓인 경력에서 터득한 방법과 자신의 축적된 지식을 기반으로 작업이 이루어지는 것이다. 그러다 보니 프로젝트의 진행에 있어서 드러나는 적극성보다는 무게감 있는 진지함이 나타나며 과정에서 여러 오차를 줄이려는 방법을 찾으려 한다. 결과물의 시각적인 도출은 여러 시행착오와 논의를 통해 충분히 자연스럽게 연계되어 만들어지기 때문에 근사한 결과물에 집착하지 않는다.

많은 디자이너들이 실력 없이 시간만 채우며 성장할 수 없는 까닭은, 방법을 모른 채 바쁜 업무에 쫓기며 자기 계발을 하지 못한 탓이 클 수 있다. 또한 외향적인 결과물에 손을 잡는 고객층과 실력을 쌓아가며 체계적인 진행을 이루는 선임들을 만나지 못하는 구조체계도 이유에 속한다.

잦은 미팅과 여러 서류업무 등 사무를 보다 보면 낮시간이 다 지나간다. 그러다 보니 어느새 정규 퇴근시간이다. 퇴근시간, 상사의 눈치를 보며 직원들은 점점 늦어지는 시간에 우울해지기 시작한다. 이미 마음은 일에서 벗어나 있고 집중도 떨어지게 마련이다.

선임들의 습관은 계속 전달되어 야근의 일상화는 당연시되어 정해진 퇴근시간에 나갈 준비를 하는 것이 무척이나 눈치가 보이는 행위로 여겨지기까지 한다. 물론 선임들의 지시는 이 시간에 본격적으로 이루어지기도 한다. '김 대리, 어디어디 프로젝트 평면 다 그렸으면 가져와 봐', '박 주임, 저번에 내가 조사해서 정리하라던 보고서 가져와 봐……' 등등 검토와 체크는 왜 그 시간에 이루어지는지 이해하기 어렵다. 그런데 아이러니하게 신입들도 차후 선임이 되었을 때 똑같이 되풀이하고 있다.

저녁 먹고 일하자는 말이 달갑지 않다. 이런 패턴이라면 밀도 있는 업무는 오전 8시가 아닌 저녁 8시인 셈이다. 인간이 가져야 할 정상적인 괘도에서 벗어나 반대로 움직이는 현상으로 건강 및 심리적 불안감과 더불어 스트레스 지수가 높아지는 나쁜 업무형태이다. 가장 맑아야 할 하루 시작인 아침시간은 몽롱하고 무거운 시간, 그리고 쉼을 가지거나 자신의 여가로 하루를 정리해야 하는 저녁시간은 집중을 가지는 시간으로 변형된다. 이러한 습관에 자신들을 '야행성'이라 지칭하기 시작한다.

디자인 업무는 규정될 수 없는 과정을 가지고 같은 콘셉트로 시작하여도 여러 디자이너에 의해 다양한 결과물이 도출된다. 이런 까닭에 다양한 접근과 수정을 이루게 되며 자연스럽게 업무시간을 초과하며 밤샘 작업이 불가피하게 된다. 정해진 시간에 최대 효과를 이루기 위한 디자이너의 열정이 있기 때문이다. 문제는 이러한 열정을 잘못 이해하여 야근의 반복 형태가 습관이 되었다는 것이다. 특별한 일이 없어도 6시 퇴근이 불편하게 느껴지는 이유가 그러하다.

부서의 팀장과 담당 책임자의 또 다른 능력은 여기서도 판가름된다. 가장 적절한 타이밍에 방향과 선정 그리고 수정에 관한 인력분담 및 업무 배분 등의 효율적인 업무 지시 등이 책임자의 중요한 능력이 된다. 시키는 업무에 시간이 흘러 적당히 쌓인 경력에 따라 책임자의 위치에 앉다 보니 지시하는 방법과 일의 효율적인 분배방법, 디자인 작업이 어떻게 이루어지면 좋을지 판단조차 불가해지면서 대책 없는 업무로 이어진다. 이러한 업무형태는 가장 집중도가 좋은 오전 업무가 제대로 이루어지지 않고 낮에 개인업무 및 SNS 접속, 놓친 드라마 다시 보기와 동료와의 잡담 등의 비효율적인 근무체제가 되어버린다. 당연히 야근을 하게 될 테니 직원들은 힘들여 낮 시간 동안 작업에 애를 쓸 필요가 없게 되는 것이다. 온라인 쇼핑을 하고 SNS로 친구들 소식을 보고 답글을 남기는 등 바쁜 컴퓨터 작업을 행한다. 주문한 물건에 대하여 택배원 전화에 여러 차례 응답도 해야 한다. 시간활용과 최적의 선택을 적절 시간에 이루도록 하지 못하고 야근 업무에 익숙한 장기경력 상사들의 업무형태가 꾸준히 이어져가고 있다. 필요에 따라서 야근은 불가피하다. 그렇게 되는 것에는 충분한 이유가 전제되어야 한다. 직원들도 기업의 발전과 성과를 위해 존재하는 인력이기 때문이다. 단, 효율적이지 못하고 자기 계발이 이루어지기 어려운 실정에 업무에 재미는 계속 떨어지고 삶이 무의미해지는 상태가 된다.

일이란 즐겁고 진보적일 때, 업무라기보다는 자신이 해야 할 생활로 여겨질 때, 행복함을 느끼게 된다. 이러한 긍정적인 감성이 유지되면 업무 능률이 오르고 집중도가 높아지며 성과가 커진다. 책임을 가지고 업무를 이뤄내 보람과 성취감을 느끼게 하는 과정이 업무를 효율적으로 지속화하고 기업에 사명감을 가지게 할 수 있는 중요한 사항이다.

최근 유럽의 업무공간을 직접 방문하며 그들의 환경과 업무체계도를 인터뷰한 적이 있다. 외국계 기업방문 시 국내와 차별화되었던 중요한 점은, 자신들의 생활리듬과 업무의 조율조차 창의적으로 효율적인 시스템을 늘 적용하려 한다는 것이다. 필요 없는 낭비시간을 줄이고 일의 여유가 생기면 팀원들 간의 활력을 위한 시간으로 전환한다. 물론 모든 기업이 그러하지 못하고 그럴 수 없는 곳도 많다. 기업철학과 조직원에 대한 배려를 가지고 업무 시설 및 환경이 잘 구축된 곳이 창의적이고 업무의 흐름이 좋았으며 기업의 발전과 성과가 꾸준히 상승함을 알 수 있었다.

자신이 좋아하는 물건을 고르듯이 업무를 선택할 수 있는 것이 아니다. 조금은 해결하기 어렵고 생소한 일일수록 노력은 더하며 결과의 만족도는 배가 되는 장점을 가진 것이 '업무'이다. '어려울 줄 알았는데…… 못할 줄 알았는데…… 잘할 수 있을까……'라고 여겼던 것들을 풀어가며 이루었을 때 자신감과 만족감이 높아지며 가치를 느끼게 된다. 이러한 경험을 통해 차츰 전문가의 길로 들어서는 것이 아닐까. 누구나 다 할 수 있는 일들과 늘 해오던 것들만 하고 어려운 일은 타인이 대신 해결해주었으면 하는 직장인이고 싶다면 급여를 받으며 회사를 다니지 않는 편이 낫다. 기업에 발전과 성과를 주지 못하는 직원은 존재가치가 없기 때문이다.

명심할 것은, 이제 시작한 신입들이나 발전해가는 디자이너들은 선임의 모습을 보고 뒤에서 담화를 하기보다는 그들보다 나은 모습으로 다음의 후배들에게 최소한 같은 말은 듣지 않도록 좋은 모습을 보여주도록 노력해야 할 것이다.

남 탓과 핑계 그리고 단점을 꼽으며 타인의 험담과 업무의 투덜거림으로 허송세월을 보내는 직장인들을 심심치 않게 볼 수 있다. 우연한 기회에 듣게 된 이야기를 뒷담화인 줄 모르고 오해 같은 선입

견을 가지고 좋은 기회를 놓칠 뻔한 일이 있었다. 해보고 싶었던 업무가 주어졌는데 관계자가 될 담당자에게 문제가 많다는 이야기를 전해 듣고 고민을 했던 것이다. 물론 직접 대면하고 업무를 진행해 보니 듣던 이야기와는 거리가 멀었다. 자신과 맞지 않는다는 이유와 질책을 했다는 것으로 험담을 했던 것이다. 그러한 사람은 어떤 경우에든 불만과 이기적인 생각으로 남들에게 불필요한 대화로 피해를 주고 이간질을 선도하기도 한다. 결국은 자신의 손해로 되돌아온다. 진실은 어떻게든 드러나기 마련이다. 이러한 쓸데없는 행위는 조직의 분위기를 흐트러트리고 업무의 집중도를 낮춘다. 풍문으로 들은 잡다한 이야기로 업무적인 경력보다 말로 채운 불필요한 경력자가 되어가고 있는 것이다.

얼마 전 동기의 부인으로부터 근무조정에 관한 이야기를 전해 들었다. 아이가 있는 주부 역할과 동시에 회사원으로 존재할 수 있는 기업 대표님의 배려로 근무조정을 이루도록 한 것이다. 가정을 지키면서 자신의 업무를 유지하도록 해준 덕분에 사원은 기업에 더욱 충실하게 자신의 업무를 취하게 되며 가족 간의 원활함에 만족도는 당연히 높아질 수밖에 없다. 우리 분야는 '원래 이렇다'라고 하는데, 원래라는 기준은 무엇일까? '원래'라는 고정적인 관습 기준의 단어를 탈피하려고 어떠한 노력을 해보았는가? 우리는 변화 없이 옛 방식대로 고집스럽게 유지하겠다로 여겨질 정도이다. 현대 문화 흐름에 균형을 가지며 인간 존중 및 기업의 발전을 꾀할 수 있는 방안책이 요구된다. 기업의 최대한 이윤과 체계성 및 근무자에게 심리적 안정감과 집중 있는 효율적인 근무체계가 필요한 실정이다.

팀의 리더는 눈치를 주는 업무로 비효율적으로 군기를 잡기보다는 업무의 탄력을 주고 효율적 배치 및 진행을 위한 두뇌의 회전력에 좀 더 치중하기를 바란다. 또한 경력에서 오는 노하우의 전수에도 소홀히 하지 말기를 부탁하고 싶다. 실수를 줄이고 업계의 발전을 위한 노하우의 논의는 미래를 바라보는 후배들에게 좋은 밑거름이 되기 때문이다. 결국 우리의 전문성에 좋은 발전을 위한 기여이다.

직급이 낮은 직원들은 자신의 목소리를 조리 있게 타당한 근거로 낼 수 있어야 한다. 무조건적인 따름은 관계형성을 점점 악화시키며 조직원 간의 불화만 커진다. 상사는 시키는 것에 따르기만 하는 역할로 인식되기도 한다. 또한 배우는 자세로 겸손하고 노력하는 모습을 잃지 말아야 할 것이다.

Tips

피해망상에서 벗어나기

어려웠던 시절 나도 그러했으니, 너희들도 그렇게 해봐야 한다는 알 수 없는 전수방법론을 버리는 용기가 필요하다. 존중받도록 소리 없는 울림을 보여주는 깊이를 가져야 할 것이다.

말수를 줄이고 귀를 열어라

업무적으로 필요한 전달사항은 명확히 알려주어야 한다. 설명과 가르쳐주는 전달사항과는 다르게, 세대 차이에서 오는 문화의 격차를 줄이기 위하여 부하직원의 의견을 많이 들어야 한다. 서로 다른 사고방식과 지식교류를 이루도록 하는 것을 권장한다.

강요적인 업무전달보다 가끔은 해야 할 업무에 대한

필요사항에 대하여 전달받아 보아라

고질적인 체계에서 새로운 발견을 취하게 된다. 이는 곧, 효율적인 업무체계를 위한 기초수행 역할을 할 것이다. 서로의 거리감을 좁히고 눈치 보는 불필요함을 덜어보자.

자존심을 내세우기보다 넉넉한 배려를 키워라

베풀고 주는 기쁨에 대하여 느껴보기를 시작해보자. 리더는 조직원이 가진 장점을 파악하도록 노력하고 장점을 활용하여 적절한 업무분담으로 시너지를 높이는 체계를 가지는 것이 기업을 이끄는 능력일 것이다. 칭찬을 아끼지 말고 잘못된 것은 질책보다는 수정하도록 방법을 제시하는 것이 좋을 듯하다.

03

디자인에 대한 가짜 인식

디자인 전달에 있어서 전문성의 유무를 이야기하고 싶다. 디자이너는 디자인을 설계하고 제대로 된 작업비를 요청하고 있는지, 혹여 디자인이라고 지칭하기 어려운 쓰레기 같은 설계로 진정한 디자인을 하는 전문가들을 더욱 힘들게 하는 건 아닌지, 또 과연 진정한 디자인은 어디서부터라고 할 수 있는지를 논하고 싶다. 디자인을 전달함에 있어서 무엇부터 전달하여야 설계의 의미를 인정하고 가치를 부여받을 수 있을지 고민스럽다.

어느 날 SNS를 통해 '화장실' 설계를 의뢰받아 설계와 시공 관련 감리 등을 진행한 내용을 보게 되었다. 전문가는 건축범례를 기준하여 설계를 진행하고 그에 합당한 설계비를 요청하였으나 의뢰인은 '화장실'인데, 뭘 그렇게 하냐며 본인이 직접 저렴한 금액을 산정했다. 결국 무산된 설계이지만 당황스러운 것은 전문가에게 맡겨놓고 스스로 가격을 책정한 것이다. 다시 말하면 물건을 만든 사람은 적정

가격을 무시당한 채 사고자 하는 사람이 물건값을 정해서 가져가는 것이다. 전문가에게 치료를 받고 '이 정도면 치료수고비로 괜찮겠지?' 하고 몇 푼 전달한 경우로 볼 수 있다. 그리고 '화장실'이라고 지칭되는 소외된 공간으로 치부되는 장소에 대하여는 설계 적용이 무의미하다고 보는 것일까? 더럽고 지저분한 장소라 생각하기 전에 하루에도 여러 번 사용하는 중요한 공간임을 망각하면 안 된다. 또한 가장 청결해야 하며 편하고 기능성이 적용되어야 함과 동시에 쾌적한 심미성이 사용자에게 좋은 기분을 주게 되는 일상적인 공간이다. 자주 사용하는 공간에 디자인을 더욱 신경 써야 한다고 생각한다. 가장 시선이 많이 가며 심리적 측면과 정서를 반영하기 때문이다. 또한 빈번함이 큰 공간을 쓰는 만큼 빠르게 낡아지기 때문에 관심을 갖고 불편해지기 전에 예방하는 것도 필요하다. 사실 모든 공간이 디자인 대상이다.

많은 사람들에게 '디자인'을 무엇으로 생각하는지 질문하고 싶다. 공간은 전문가의 주관적인 성향에 의해 색칠하는 미술품이 아니다. 액자 속에 담아두고 바라보는 것이 아닌 사용자에 맞게 설계되어 활동이 편하게 이루어질 수 있어야 한다. 이를 위해 여러 분야에 관련된 정보를 머릿속에 심고 그것을 분석하여 문화 및 트렌드, 사용자와 기능 및 목적 그리고 심미적인 것 등 다각적 측면의 환경을 비롯한 적정비용을 타진하는 '복합적인 결과물'로 이끄는 전문적인 업무를 다루는 '전문가'라고 인정하는가를 묻고 싶은 것이다. 한편 공간디자이너를 왜 필요로 하는가? 역시 묻고 싶다. 또한 디자이너를 아티스트처럼 한 사람의 감각으로 표출되는 작가성으로 바라보는 오류를 버렸으면 한다. 그리고 컴퓨터 작업이 쉽게 이루어지는 단순한 결과물이 아닌 것도 강조하고 싶다. 간혹 '나는 컴퓨터로 잠깐 그리면 답 나오는데', '나는 충분한 감성으로 눈 깜박이면 공간이 보여', '30분이면 다 할 수 있는 작업'으로 허세를 부리는 디자이너들이 있다. 디자이너라 지칭하기 어려운 대상이다. 실제로 말과 다르게 작업하며 번지르르한 입담으로 포장만 한다. 이러한 비전문적 작업자들 때문에 디자인 산업이 균형을 이루기 어렵다. 퍼져가는 소문은 이러한 사람들의 목소리로부터 파생된다. 묵묵히 작업하는 디자이너들은 오히려 말을 아낀다. 사용자와의 조율 없이 자신의 감각에 스스로 감탄하며 천재성만으로 작업하는 자라면 다른 직업으로 전환하는 편이 낫다. 가벼운 판단을 가지는 철부지 디자이너들이 있어서 성실한 디자이너들이 피해를 보기도 하며 사회에서 하등인식으로부터 벗어나지 못하는 작은 이유이기도 하다. 가벼운 판단으로 시공된 공간은 하자투성이로 대변하는 경우가 매우 많다.

디자인은 가장 좋은 방법과 해결책을 위한 일련의 과정을 가지게 마련이다. 그러다 보니 목표설정을 하고 전반적인 개념을 잡아주며 지휘하는 정통한 사람이 요구된다. 어떤 문제점을 살펴보아야 하는지 어떤 방법으로 풀어갈 것인가와 가장 최적의 아이디어를 적용하는 것을 제대로 짚어주는 것이 선도하는 역할을 하게 된다. 알 수 없는 파편들을 모아놓고 가장 멋진 형태와 사용 가능한 기능을 가지도록 조합하기 위해 1인부터 다수의 참여를 이루며 진행된다. 이때 각 참여하는 디자이너는 자신의 영역에서 좋은 협조와 균형을 가지도록 하여야 한다. 하나의 아름다운 연주곡을 만들고 듣기까지 비음 소리 없이 완벽한 연주를 마칠 수 있는 것은 각자의 역할과 배려 및 책임감이 동반되어 만들어진 것이기 때문이다. 그러한 협업작업은

'아름다움'과 여운이 남기는 '감동'을 준다. 훌륭한 결과물에 도달하기까지 잘 다듬어온 경력자의 힘이 크게 작용한다. 각자의 자리에서 자신의 업무를 충실히 한 각각의 조직원도 물론 큰 역할을 이루지만 통합하며 하나의 결론을 지으면서 설득력 있는 호소를 가지는 전달력이 프로젝트의 성패를 좌우하기 때문이다.

공간설계 및 시공을 의뢰하는 데 있어서, 무작정 긴 경력(**어떤 일을 얼마나 집중 있게 잘했는가보다는**)으로 나이가 많으면 된다는 것, 말과 목소리가 큰 무대뽀(**알차게 그리고 깊은 전문성과 노력보다는**) 정신으로 포장된 말과 억누르는 큰 목소리가 앞선 행동, 큰 기업과 브랜드의 명성(**전문적인 디자인 작업은 규모의 크고 작음이 문제발생 원인이 아니다**)에 어떤 작업들이 수행되는지도 모른 채 맡기고 보는 '편한 고객'으로 있는 건 아닌가?

실질적인 일은 지속적인 교류에 따른 하부조직인 직원들의 얽히고설킨 꼬임 안에서 이루고 있는 것을 염두에 두어야 한다. 디자인 진행 기간을 가지는 만큼 고객에게 기대치와 안전성에 관한 보장을 좀 더 줄 수는 있으나 그만큼 소요비용은 크다. 빠르고 싸게 잘하는 기업은 거의 없다. 현실적으로 불가능하다.

입장을 바꾸어 생각해보면 간단하다. 자신에게 돈을 주지도 않으면서 빨리 해달라고 밤샘을 유도하는 업무를 준다면 어떻게 할 것인가? 며칠 혹은 하루 만에 끝내는 작업에 근사한 아이디어와 시각물의 결과들을 만들 수 있겠는가? 기껏 해놓았는데 생각해봐야겠다고 하면서 기약 없이 종적을 감춘다면? 돈도 못 받고 밤새우며 디자인했던 설계가 어디에선가 말도 없이 시공하여 완료된 것을 알게 된다면? AS 기간이 끝났음에도 사용자 부주의에 따른 수리를 무료로 끊임없이 요구당한다면? 이러한 작업은 '디자인'의 업무가 될 수 없다. 그럼에도 불구하고 대부분의 고객은 위와 같은 행동을 당연하게 요구한다. 디자인에 대한 인식과 전문가에 대한 최소한의 이해관계가 성립하기 어려운 실정이다. 공간디자인을 위해 보다 좋은 조언을 듣고 차별화된 설계를 원하면서 비정상적인 요구를 전문가에게 강요하고 있는 현실이다.

이런 현상은 관행적인 기업의 운영방식을 포함한 여러 이유에서 비롯되었다. 그러나 각각의 디자이너들의 태도와 대응에도 큰 문제가 있다. 고객에게 이해를 위한 노력보다는 아부성 행위로 고객을 자신의 실력을 보여줄 수 있는 기회나 업무의 중요함보다 물주로 여기는 것에서부터 문제는 시작이다. 사기성 발어, 브랜드만 줄줄 외우며 폼 잡는 디자이너, 외향적인 향기를 뿜어내며 허세만 부리는 디자이너들이 탁하게 만들어버리고 있기 때문이다.

어느 분야에서든 꾸준하게 자신의 일에 충실하는 사람들은 차분하리만큼 묵묵하다. 그렇게 하기에도 시간이 모자라기 때문에 다른 것을 할 여유가 없다. 반대로 사회에 파장을 주는 말 많은 디자이너들은, 유흥을 즐기며 관계를 유지하고 비판과 험담, 그리고 치장하며 꾸미는 데 시간을 보내고 있으니 전문성이 담아질 틈이 있을 리 만무하다. 노력하는 전문디자이너들은 시대에 앞서기 위한 끊임없는 정보수집과 분석, 고객대응을 위한 여러 분야에 대한 리서치로 각 분야의 준전문가가 되어가며 많은 정보를 다듬고, 초기 사업단계부터 마케팅을 포함한 경영 관련 기획력을 동반해야 한다. 또한 트렌드를 파악하여 고객 분석을 통한 통계치와 적중에 관한 책임을 지는 명석함도 지녀야 한다. 아울러 지식교류와 논의를 통해 놓친 정보를 보충하고 잘못된 오류를 잡아가면서 지식의 다면성을 취하게 된다. 이러한 여러 방면의 지식을 통해 전문 디자이너는 4차원적인 구조가 두뇌에서 이루어진다.

감성과 감각이 일반인에 비해 자연스럽게 뿜어져 나와야 하는 차별성을 가져야 한다. 고객의 만족도를 높이기 위한 센스와 빠른 대처가 요구되며, 자신감을 가질 수 있는 자신만의 스타일도 지닐 필요가 있다. 표현법이 뛰어나야 하며 시각적인 대응을 가져야 한다. 스케치, 컴퓨터 그래픽 작업 등등 작업기술을 글씨 쓰는 것만큼이나 익숙해야 한다. 과거부터 미래까지 혁신적인 기술을 이해하여야만 아이디어를 실현화할 수 있기에 공학과 수리력 그리고 도구에 관한 이해가 충분이 뒷받침되어야 한다.

설득과 완성도를 높이기 위한 화법과 섬세함도 요구된다. 여기에ー선택사항이기는 하지만ー영어를 비롯한 어학의 편리한 사용성도 지녀야 한다. 여러 가지를 골고루 갖추어야 비로소 전문가 소리를 듣게 된다. 엄청난 능력자로 성장할 수 있는 전공 분야이다. 이러한 까닭에 전문 CEO는 똑똑한 디자이너를 매니저로 두면 성공한다는 이야기가 나온다. 그러면 고객들은 이 같은 괴력을 갖춘 디자이너를 어떻게 대하고 있으며 어떤 대가를 주며 요청을 하고 있을까. 가짜 전공자들에게 저렴한 가격으로 디자인을 맡기게 되었다고 만족할 수 있을까.

디자인 전문가들은 고객의 의견과 요구를 놓치지 않으려고 노력한다. 고객들은 어떻게 하면 조금이나마 지출을 최소화하며 내 말을 잘 듣게 할지 고민한다. 가르치려 하고 말을 잘 듣게 할 거라면 전문가를 만날 이유가 없다. 전문가를 왜 찾는가? 믿고 맡기려는 것 아닌가? 요구사항을 잘 받아주고 이해하여 더 좋은 대안을 이루려는 것 아닌가? 디자이너들이 전문성을 높이기 위해 투자한 시간과 노력은 돈으로 환산하기 어려울 정도이다. 그러나 고객들은 어느 잡지 또는 해외 답사 및 인터넷 서치를 통한 사진을 보고 따라 그리는 줄 안다. 물론 그렇게 디자이너인 척하는 사람들이 더 많다. 고객들은 전문성을 지닌 디자이너와 그렇지 못한 디자이너를 구분할 줄 알아야 한다.

언젠가 인지도 높은 유럽의 몇 디자인 기업 대표들과 대화할 기회가 있었다. 디자이너가 아이디어를 내기 전, 고객에게 디자인에 관한 가치를 잘 전달하는 방법을 가지고 있는지 질문했다. 그들은 그 질문 자체를 의아해했다. 디자인을 의뢰하려는 고객은 자신의 돈을 가장 잘 활용해주기를 바라며 전문디자이너를 만나는 목적을 분명히 가지고 있다고 했다. 또한 디자인의 필요성과 전문가의 작업 가치를 더 잘 알고 있다고 했다. 그에 맞는 적정 디자인 비용에 대하여 당연한 지출항목으로 인식하고 있다고 했다. 그리고 우리와 다르게 오히려 디자이너를 존중하고 신뢰하며 최상의 결과로 이끌 수 있는 지지와 협조를 준다고 했다. 우리에게는 '갑'이라는 고질적인 문화로부터 고객에게 굽신거리는 행위와 요청에 따른 '예스(yes)'맨의 역할이 디자이너의 업무는 아니기 때문이다. 디자인을 한다는 것은 아이디어를 가지고 기존의 것에 대한 변경 및 개선 그리고 수정을 하는 작업인데, 고객이 놓치는 아이디어를 디자이너에게 부탁하고 고객대응과 디자인 제안의 차별성을 요청하여 자신의 투자에 대한 좋은 성과로 이끌기를 바란다는 것이다. 그들의 계약서에는 '갑', '을'과 같은 표기법은 없었다. 각 기업 또는 이름 같은 명칭으로 작성된 것을 확인할 수 있었다.

좀 더 현명한 선택과 결과를 위하여 매스컴과 입소문에 대한 기대치보다 소통이 가능하고 역량을 갖추었으며 흔들림 없이 일에 집중할 수 있는 것에 대한 판단이 우선이 되면 어떨까 한다.

디자인 전문가는 고객을 대하는 태도부터 다르다. 겸손하며 거만하지 않다. 수용할 줄 알며 존중하고 자신만의 철학과 아이디어를 적절히 배합할 줄 안다. 무엇이 필요한지, 디자이너의 역할에 충실하여 자신이 갈고 닦은 것을 한 작업 한 작업마다 쏟으며 노력한다.

그럼, 현재 소비자인 고객들은 그런 디자이너에게 어떠한 대우를 해줄 것인가. 적정한 노력에는 대가가 있어야 한다. 각 고객은 자신의 직장에서 자신의 능력만큼 대우받기를 바라면서 정작 타인에게는 공짜를 원한다. 무형인 아이디어는 측정되기는 어려우나 최소한 상식적인 차원에서 지불되어야 한다.

디자인의 중요성, 좋은 디자인을 가지고 싶은 것, 좀 더 편리하고 멋진 것을 요구하면서 공짜에 가까운 지불을 요한다. 그러다 보니 고객들은 쉽게 디자이너 명칭을 단 전문가인 척하는 디자이너들이 속칭 '싸게' 제안하는 것에 수락하고 있다. 이러한 가짜 디자이너들이 작업한 현장은 지금 어떠한가. 모양새 우습고 균형이 맞지 않는 조형물들로 세상은 추악함에 이르고 있다.

아프면 가장 좋다는 의사를 기간과 돈에 관계없이 대기하여 진료를 받는다. 소송에 이기려고 유명하고 똑똑한 변호사를 고용한다. 그러나 자신의 삶을 담고 늘 편안함이 추구되는 집에 대한 투자는 없고 투기에 가치를 둔다. 여타의 건축물과 공공디자인도 뒤죽박죽이다. 여기에서 중요한 것은 기술력도 저품질, 전문성도 절반, 저렴한 공급으로 나타난 결과는 심각한 폐기물과 오염도를 일으키고 있다는 것이다. 환경은 최악의 수준을 이루고 지식과 노력을 제공하며 적정한 대가를 제시한 전문가들은 일도 못 해보고 좌절하고 있다.

열정과 능력을 겸비한 뛰어난 디자이너에게 설계를 받은 의뢰인은 값비싼 차량이나 고급의료진의 치료 이상으로 큰 가치를 받은 것과 같다고 강조하고 싶다. 늘 사용하는 공간이 주는 정신적·심리적·창의적 접근은 전문디자이너에 의해 가능하기 때문이다. 아름다운 미적인 감각은 물론, 신체의 동작에 불편함을 제거하고 사용자에게 편안함과 동시에 두뇌활동이 가능한 행동을 주는 역할을 하는 전문가의 제안을 적용한 것은 그 어느 것보다 값비싼 비용을 들여도 아깝지 않다고 본다. 주의할 점은 전문성의 차이는 각기 노력하는 사람에 따라 다르므로 의뢰인은 현명한 판단을 해야 하며 판단에 대한 책임은 의뢰인에게도 있다는 것을 알리는 바이다.

알맹이보다 치장된 포장에서는 순간적 매혹이 느껴지기는 하나 감동이 일어나지 않는다. 그럴듯해 보이는 매스컴의 효과에 이익을 취하는 홍보성 디자이너들 기사와 진정으로 교감을 가지게 하고 싶은 디자이너의 숨은 능력을 잘 끌어낸 기사를 잘 구분하여야 한다.

홍보성에는 늘 눈에 현혹할 만한 내용이 있다. 마케팅 방법이 적용되어 빠른 시간 그럴싸해 보이도록 예쁘게 잘 가꾸어 정돈되어 있다. 반면, 투박하고 솔직 담백한 기사는 잔잔하기는 하나 화려해 보이지 않아 스쳐 지나갈 수 있다. 진정성을 구분하는 관점을 지니도록 선도하는 무언가가 필요할 듯하다. 천재이기보다는 노력하는 사람이 좋다. 하나하나 채워가며 나의 가능성과 발전을 보고 쓰디쓴 고통 후에 눈물 나게 행복함을 느끼는 것이 좋다. 천재성보다는 흐름에 대한 대처능력이 뛰어나도록 자신을 부지런히 만드는 디자이너에게 상패가 주어졌으면 한다.

기분 좋은 건강한 공간은 전문디자이너만이 가능하다. 그러한 전문디자이너에게 디자인을 체계적으로 전달받아 개선된 공간의 만족감을 느끼기를…….

Tips

To. 고객:

좋은 디자인 기업 또는 디자이너를 검색하기란 쉽지 않다. 서울시에 등록되어 있는 디자인 업체 및 여러 미디어에 노출된 기업 또는 디자이너를 교차적으로 검토하여 판단하는 것이 현재로는 최선이 될 것 같다. 기업 또는 디자이너가 수행한 공간을 직접 답습하여 보는 것도 좋은 방법이 될 것이다. 또한 어떤 분야의 전문성을 가지고 어떠한 스타일의 성향인지를 살펴 가장 잘 맞는 기업 또는 디자이너와의 논의를 가져야 할 것이다. 단, 전문가를 만날 때는 최소한의 예의와 성의를 보여주는 멋있는 고객이 되기를 진심으로 바란다.

To. 디자이너:

타 디자이너의 약점을 꼽아 비교하고 단점을 드러내며 자신을 상승화하려는 방법은 어리석은 행동이다. 전문디자이너가 되기 위한 진행형 디자이너들은 자신의 강점을 키우기 위한 요소를 적극 활용하고 취약한 부분을 채우는 계획을 가지는 것이 좋다. 신문을 읽고 책을 보며 여행을 즐겨라. 전문가가 되기 위한 논리적 사고방식을 키우는 두뇌활동이 이루어져야 될 것이다.

04

줄다리기

양쪽에서 팽팽히 당기며 서로의 힘겨루기를 하고 있다. 양쪽 모두 구김살 가는 인상과 놓칠세라 온 힘으로 당기는 사이 핏대가 오른 손과 팔목은 붉게 달아오르고 기합 소리는 커져만 간다. 묵직하고 거친 줄을 꽉 쥐며 쥐가 날 듯한 다리에 힘이 풀릴까 온 기운을 쏟아붓는다. 무엇을 위해 줄다리기를 하는 것일까. 같은 줄에서 각기 반대방향에서 한 줄을 가지고 애를 쓰며 당기고 서로 자기 쪽으로 끌어들이려 한다.

건축과 실내공간 영역 나누기 경쟁은 줄다리기 같다. 물론 실내공간 전공자인 필자 입장에서의 의견이다. 건축 분야에서는 줄다리기로 보지 않을 수 있다. 모두 건축 소유로 인식하고 있기 때문이다.

건물을 짓기 위해서는 건축 분야와 실내디자인 분야가 접목되어 각 전문가가 필요하다. 실내디자인학이 전문 분야로 진행된 시간은 불과 24년 남짓이다. 실내디자인이라는 학문이 발생하여 현재 전문가가 배출된 지는 20년 정도 되었다. 실내공간 전문 분야 배출자로 최고 경력자는 20년이 된다는 것이다.

건축 분야는 오랜 시간 이루어져 수많은 건축전문가들이 여러 관련 산업 분야에 참여하고 있다. 실내디자인 영역이 전문화되기 전에는 건축전공자들이 대부분 공간에 필요한 모든 오브제[1]까지 다루었다. 심지어 가구나 소품까지 다루었다. 물론 현재도 진행형이다. 산업은 점점 더 세분화되고 고객의 개성과 디자인의 발전에 의해 헤아릴 수 없을 만큼 다양한 실내 내장재가 생겨나고 있다. 또한 공간에 대한 미학의 관점은 건축이 주는 구조로부터 실용적이고 섬세한 부분까지 다루게 된다. 다각화되는 관점으로부터 실내디자인 전문성은 공간의 또 다른 색과 시각을 주게 된다.

건축 분야와 실내디자인은 유사한 점이 있기도 하지만, 각각 영역이 분리되어 전문성을 지니고 있다. 최적의 건물을 위하여는 초기 계획 시 건축 및 실내디자인 그리고 기술을 요하는 설비 부분까지 동시에 참여가 이루어지는 것이 바람직하다. 건축가와 실내공간디자이너는 공간의 활용과 환경의 접목에 관한 논의를 거쳐 최신 기술의 타당성을 제공받아 효율적인 설계가 가능토록 하는 것이 업무적으로나 비용절감으로나 여러모로 좋은 프로세스를 발생하게 한다.

실례로 몇 건축가분들로부터 '실내디자이너들은 시각이 좁고 보는 게 달라서 대화가 안 된다', '우리가 만든 뒤 나중에 들어와서 다 알아서 하는 거야', '우리와 등급이 달라서 같이 일하기 불편해'라는 말을 들은 적이 있다. 물론 열린 생각으로 공간을 바라보는 건축가

---

1) 오브제는 영어의 오브젝트(object)와 같은 뜻의 물체 또는 객체를 뜻한다(NAVER 지식백과 두산 백과 내용 참고).

분들도 많지만, 권위를 내세우며 우월성을 고집하는 분들 역시 상당수 있기에 불편한 심리로 대하게 되는 경우가 많다. 높은 등급의 기준이 무엇일까? 건축을 하면 상위등급이고 실내공간을 하면 그 아래 급이라는 것인가? 알 수 없는 등급 분리와 측정으로 위치 다지기, 힘겨루기를 하고 있다. 실내공간은 직접적으로 내부에서 장시간 지내는 장소이다. 시각적 랜드마크를 가지는 표피가 드러나는 형상과 다르게 바라보아야 하는 내적 공간이다. 내부에서 동선에 따라 사람들의 시선이 가장 많이 모이는 장소이다. 또한 바람직한 디자인을 위하여 손이 닿고 체험하게 되는 모든 품목에 섬세한 적용을 고려해야 한다. 심지어 심리까지 고려하여 구석구석 살피는 세밀함이 요구된다. 건축은 외부적인 측면으로부터 건물의 외관과 접근성을 고려한 설계가 이루어지고 환경을 분석한 구조적 측면을 주로 다루게 된다. 내부의 디자인 항목들은 소소해 보이는 작은 사항들로 여기며 큰일이 아니라고 판단하는 것 같다. 그러나 정작 공간 안에서 이루어지는 프로그램과 기능을 고려한 사람의 동선 및 용도에 따른 시각적 반영에 대하여 적용되지 못한 건물들 때문에 건축자재 낭비와 번복된 작업으로 손실적인 측면이 빈번하게 발생한다.

양전기미(兩全其美)하도록 최선의 방법을 채택하기보다는, 우위를 따지며 보이지 않는 자존심 같은 등급론 때문에 시간적·산업적 낭비가 많은 것이다. 실제로 실무적인 측면에서는 건축이 '갑', 기타 디자이너들은 '을' 취급을 당하기 일쑤이다. 대부분 그들의 스케줄과 요구사항을 무조건적으로 받아들여야 하는 입장에 있어야 한다.

오히려 이런 줄다리기 게임에서 실내디자인의 역할이 공간을 다루는 데 좀 더 크다고 자신 있게 말하고 싶다. 필요 공간의 산출에 따라 합리적인 체계를 이룬 구성제안 그리고 사람의 심미적 측면을 고려한 장식적인 부분 및 용도에 맞춘 가구 및 조명 사용의 타당성을 건축전공자들보다 훨씬 더 잘할 수 있는 전문가들이기 때문이다. 좀 더 타당성 있는 사례와 의식 변화의 필요성을 논하고 싶지만, 현재까지의 팽팽한 줄다리기를 끝내고 싶기에 실내공간의 자존적 주장을 버리고 싶다.

같이 가야 한다. 실내디자인 전공자는 토목을 포함한 구조적인 측면에서는 건축전공자보다는 취약한 것이 사실이다. 외부적 문화와 환경을 고려한 관점이 그들보다 조금 미약한 실내디자이너들도 많다. 서로가 가진 장점을 잘 엮고 단점을 각자 전문 분야에서 채워주는 협력관계로 이루어져야 한다. 우리끼리의 힘겨루기는 불필요한 에너지 낭비이며 정신적으로 상처받는 심리적 낭비이다.

서로가 추구하는 것은 비슷할 것이다. 좋은 환경 구축을 위함과 공간의 진보를 추구하고 전문가로서 인정받아 설계직의 활력소를 얻는 것일 것이다. 열악한 업무 프로세스로부터 합리성을 찾고 비체계적인 회사의 규율로부터 스스로 체계성을 만들어가며 효율적인 시간활용 및 물질적인 충족이 가능해지도록 서로가 노력해야 한다.

실내디자인은 건축 영역이라고 실내디자이너들을 보조 역할로 치부하기보다는 실내디자이너들을 더욱 전문가로 인정함에 있어서 건물은 생기를 더해갈 것이다. 줄다리기를 하는 동안 지켜보는 많은 사람들이 진이 빠져 결국 해외에서 디자인을 영입해오는 결과를 초래하고 우리를 더 비전문적인 상태로 만들게 한다. 영입된 해외 디자이너들의 대리 역할로 만족하기만 하며 언제까지 지낼 것인가. 자신을 전문가로 만드는 것은 각자의 분야를 더욱 인정하며 협력하는 것이라 확신한다.

디자인은 서로가 교차 작업이 가능하여야만 완성도가 높아지는 것은 누구나 알 것이다. 건축을 하다가 가구를 할 수 있으며 시각디자인을 하다가 실내디자인으로 전환하기도 하고 순수예술을 하다가 건축가가 되기도 한다. 자신에게 가장 잘 맞는 자리로 찾아가는 것이다. 유사한 점을 잘 살리고 좀 더 자신이 잘하는 것으로 개발하는 재주가 많은 사람들도 있다. 이러한 경우 오히려 더욱 존중하게 한다. 자신이 여러 분야를 다루어 보았기 때문에 각자 영역의 어려움과 전공성을 알고 있다.

외길을 걷고 오로지 한 우물을 판 그들이 열심히 달려온 만큼 보람이 클 수 있도록 주변을 돌아보고 넉넉한 마음을 가졌으면 한다.

줄다리기는 영역 내에서만 해당되는 것은 아니다. 기업에서 명명하는 '협력업체'는 하청업체라는 불편한 관계의 언어교체만 구축해 놓은 것이다. 기업이 요구하는 공간디자이너를 요청하였다면, 그 기준에 준하는 범위 내에서 디자이너의 제안을 숙고하고 조율하며 논의를 가지는 서로를 배려하는 태도가 필요하다. 무조건적인 '갑', '을' 관계의 연속성에서 지시하는 대로 받들고 오라면 오고 가라면 가야 하며 작업가능 유무에 관계없이 강요된 날짜에 무조건적으로 맞추어야 하는 일련의 임시적으로 일정기간 심부름을 받는 작업자로 대하다 보니 디자이너들 역시 자신의 존중을 위한 몸부림을 치기 시작했다. 심각한 심리적인 고통을 가지면서 자신의 지식과 실력을 제대로 발휘해보지도 못하고 절대 군림에 당하고만 있을 수 없기 때문이다. 무엇을 위한 디자인 영입인지, 기업들도 자숙하여야 한다.

또 다른 줄다리기 상태는 설계와 시공 관계에서 물과 기름 같은 현상이 나타난다. 설계자는 주로 내부에서 기획과 계획을 기록하며 공사를 위한 작업을 한다. 시공은 설계에서 만들어진 서류를 기반으로 현실화로 나타나도록 현장작업을 진행한다. 이때 현장에서 직접적으로 형태가 보이는 작업을 하는 작업자의 볼멘소리와 거친 발언들이 서슴지 않고 독단적인 행동으로 현장을 총괄한다. 현장에서 예기치 않은 변수에 대하여 설계자와의 논의 없이 자신의 권위를 지키기 위한 주장으로 결정하기도 한다. 그러다 보니, 설계자가 감리를 위해 현장방문 시 도면과 다른 모습에 문의를 해보지만, 설계자가 현장을 몰라서 그려진 도면이라면서 논의보다는 무시와 외면을 선택한다. 결과적으로 현장 문제 시 설계자를 대부분 두둔한다. 그리고 현장 담당자는 책임회피를 하며 종적을 감추는 경우도 있다. 심지어 설계자의 의도를 반영한 재료와 관련 업체를 선정했으면서도 자신의 말을 잘 듣는 업체로 변경하기도 한다. 현장에서 왕(王) 역할을 하는 것이다. 대부분 현장의 보조 역할을 하는 직원들은 그런 모습을 당당하고 멋있게 여긴다는 것을 들었다. 그리고 언젠가 그런 자신의 모습을 연상하기도 한다. 현장은 짜인 설계와 다르게 충분히 변동될 수 있다. 현장상황에 따라 교정이 필요한 상황이 왕왕 발생한다. 독단적인 권위 역할이 아닌 책임자로의 충실한 역할을 이룰 때 좋은 결과가 만들어질 수 있을 것이다. 더불어 '왕(王)' 모습을 추앙하는 어리석은 작업 선택이 이루어지지 않기를 바란다.

Tips

각 위치에서 존중받기 위해서는 기업 또는 사람의 인격이 어떠한지에 달려 있다. 존중받을 만큼 자신이 무슨 일과 행동을 했는지 돌아보며 자신을 살피는 시간을 가져보았으면 한다. 혹시 독보적으로 고집을 피우고 강자 입장이라는 이유로 권력을 이용하고 있지는 않은지 말이다.

본인이 실행하고 있는 것 중의 하나는, 계약서의 '갑'과 '을' 명칭을 제외시키고 각각 호칭되는 명칭을 기입하는 것이다. 이것은 작은 시작이 된다. 괜찮은 고객분들은 '갑'이라는 호칭을 반갑게 여기지 않고 기분 좋은 동의를 이룬다.

큰 손해가 아니라면 가끔 져주는 게임의 즐거움을 느껴보기를 바란다. 상대방의 웃음에 더 큰 미소가 담기는 것을 경험해보기를 권해본다.

현재는 '전문가' 양성이 중요한 시기이다. 밥그릇 챙기기로 그릇된 판단이 이루어지지 않기를 바란다. 참된 발전과 상생관계로 이루어지는 시너지를 그려보면 어떨까.

05

고객 설득과 무료서비스

이상하다. 대한민국 문화에는 공짜 정신이 강한 걸까? '덤이라는 문화 때문인가?' 언젠가 '아이디어＝공짜(?)'라는 홍대순 ADL코리아 부회장의 기고 내용을 신문에서 본 적이 있다. 아이디어를 쉽게 이용하는 실정이니 디자인 설계회사는 사기성으로 인식되는 경우가 대부분이다. 이유인즉슨 종이에 선을 그린 도면이 뭐 이리 비싸느냐. "계약체결 후 이미지와 디자인 과정을 보여드리겠습니다" 하면 "요즘 같은 시대에 콧대만 세우면 뭐가 되는 줄 아느냐, 다른 곳은 다 공짜로 해주는데" 하면서 디자이너를 모략하며 순진한 바보로 만들어버리기 일쑤이다. 또한 발주처가 되는 건축주는 계약내용에 없는 항목을 공사해달라고 요청하며 해주지 않으면 원 계획대로 진행되어 공사가 끝나도 공사비를 주지 않는 횡포를 부린다. 공사가 시작되었으니 돈 받으려면 해주겠지 하는 심정으로 고객의 억지스러운 공짜 요구이다. 이러한 행위는 소송으로 이어지며 손실이 커지게 된다. 결국 건축주가 지급하는 것으로 대부분 정리가 되지만 장기간에 걸친 소송은 양측에 피해만 입히게 된다. 도둑심보와 다를 바 없는 억지는 공사를 위해 선지불된 금액과 시간마저 가치를 잃게 만든다. 정도에 맞는 거래와 적절한 소통으로 의뢰와 거래가 잘 성사될 수 있도록 양측 간의 이해와 배려가 필요하다.

한편, 결제 시기가 오면 갖은 트집과 으름장으로 난감하게 하기도 하며 있을지 없을지 모를 가상의 다음 프로젝트가 있을 예정을 운운하며 미루는 경우도 허다하다. 이번 건만 잘하면 다음에 확실히 밀어준다는 알 수 없는 웃음은 디자이너의 마음을 까맣게 타버리게 한다. 물론 서로의 존중과 결과물의 만족도를 위한 타협에 매끄러운 고객분들도 있다. 결제에 관련한 고민도 할 필요가 전혀 없다. 공사에 방해가 될까 봐 미리 챙겨주기도 한다. 디자인을 알고 가치를 아는 분들이다. 그러한 분들이 매우 적다는 것이 아쉬울 뿐이다.

그렇다면 진정성을 가진 디자인의 모습을 고객에게 어떻게 보여줄 수 있을까? 디자이너들은 과장된 행동과 작업에 대한 내용을 부풀리지 말기를 바란다. 과장된 모습은 신뢰감을 잃게 한다. 기대감을 크게 갖게 되어 생각과 다른 결과에 실망감은 배에 달한다. 그러다 보면 디자인에 대하여 고객은 허탈감을 가짐과 동시에 디자인 전문 분야에 대한 나쁜 인식을 가지게 된다. 돈의 가치를 느낄 수 있도록 공간이 주는 장점과 디자이너만의 개성을 담아 차별화된 감동을 전달할 수 있도록 하여야겠다. 디자이너는 자신을 다스려 타인을 이해하는 관대함이 필요하다. 디자인을 적용하는 직업에서 필수항목은 소통과 교감이다. 공간에서 지내게 될 주체자를 잘 파악하고 공간의 성격을 두루 살펴 적용사항을 잘 점검했다면 강요하지 않아도 고객은 자연스럽게 설득되어 간다. 다듬어진 공간 속에 사람을 살게 하고 사물과의 소통을 주는 인식의 변화를 주는 중요한 디자인 역할을 하면서 목적성을 모른다면 디자이너 등급에 오를 수 없다. 전문가가 되어야 한다. 서비스의 특성을 지닌 분야임은 맞다. 그러나 우리는 왜 특별서비스직에서 전문가로 인정받지 못하고 있을까?

디자인 전공자 외 다른 분야의 직장인들과 디자인 업무를 의뢰하는 업무 관련 종사자들의 대화를 듣고 있으면 쓴웃음이 난다. 주5일제, 6시 퇴근에 근거하여 1시간이라도 초과된 업무시간에 대한 철저한 보상, 휴가일수에 따른 일정 챙김, 조금이라도 업무량이 많아지면 수당에 따른 인센티브 요청 등등으로 자신들의 업무 할당에 관한 급여를 깐깐하게 챙긴다. 그러한 이야기를 하는 의뢰인들은 디자이너에게 무료서비스를 요청한다. 디자이너의 근무시간은 그들에게 봉사하려고 남겨진 시간이 아니다. 물론 일부 직장인들의 이야기이긴 하지만 통상적인 대화를 미소 지으며 듣는 디자이너 입장은 속이 타 들어 간다.

어느 대기업에서 신축공사를 위해 건축과 인테리어 업체들에게 제안을 요청하였고 참여된 기업들은 모형과 3D 작업을 비롯한 아이디어 자료를 평가받았다. 작업시간은 2달여 남짓 걸렸다. 제안평가를 마치고 건축설계로 참여된 기업은 최소한의 제안 참여비를 받았다. 인테리어 팀은 차비조차 받지 못하였다. 이유를 물으니, "대한민국에서 인테리어 설계를 위한 법적 설계비 규정이 어디 있나? 그리고 그런 거 주는 기업 못 봤다. 챙겨줄 필요가 없다"라고 답을 들었다. 2달 동안 애쓴 아이디어는 기업에 전달되었으나, 작업을 위해 들인 시간과 직접경비에 해당하는 재료비 등에 소정의 수고비조차 무시당했다. 이러한 답을 하는 담당자들은 자신의 월급은 한 푼이라도 챙기는 사원들이다.

자신의 집을 소유하게 되는 시점 혹은 공사를 해야 하는 시기가 오면 물어오는 질문들이 거의 비슷하다. "우리 집 몇 평인데 수리하면 얼마 들까?", "대략 1평에 얼마라던데? 싸게 안 될까?" 업무공간의 리모델링이 필요하게 되면 물어오는 질문도 비슷하다. "사무실 공사해야 하는데, 디자인이 뭐가 필요해. 깨끗하게만 하면 되니까 싸게 해달라고 하자" 이러한 이야기를 심심치 않게 들을 수 있다. 이런 경우라면 DIY[2] 혹은 CIY[3]로 해결할 수 있을 것이다. 전문가들에게 공짜로 조언을 듣고자 디자이너의 시간을 빼앗지 않아도 된다.

"어떤 공간이 나에게 좋을까?", "어차피 소비하는 금액인데 이왕이면 남과 다른 공간으로 좋은 결과에 애써달라", "새로운 디자인 변경이 어떤 변화와 긍정적인 효과를 줄 수 있는 걸까?", "업무에 집중할 수 있고 성과를 위한 디자인이 있을까?" 이런 질문은 거의 들어본 적이 없다. 디자이너의 창의적 접근에 관심을 가진 고객도 별로 없는 편이다. '디자인'은 단지 '예쁘게'라고 여기는 잘못된 인식과 자신이 필요한 공간과 무엇을 디자인해야 하는지를 모르고 있는 것이다. 더구나 자신이 늘 '갑'이라는 입장에서 디자이너보다 낮다고 여기는 고객이 많은 것도 이유 중 하나이다.

공간디자인 전공자들은 디자인을 공부하였다. 고객이 경험해본 최고급 서비스 문화와 명품을 모두 가져보지는 못하여도 그러한 것

---

2) Do-It-Yourself의 줄임말로 부품이나 재료를 구입하여 고객이 직접 조립하여 만드는 것을 말한다.

3) Choose It Yourself의 줄임말로 분위기, 소품, 시공 방법 등을 고객이 직접 고르고 선택하여 스스로 만드는 것을 의미한다.

들이 어떻게 만들어지고 있으며 무엇을 위해 생산되고 디자인되는
지 알고 있다. 그러한 디자인의 발전을 위하여 진행된 과정들을 답
습하고 고객의 만족을 높이기 위한 연구를 하고 있다. '싸게 대충'
하려고 '전공'이라는 공부를 한 것이 아니다. 행여나 '싸게 대충' 한
공간을 디자이너가 예산에 맞추어 해주기라도 하면, 디자이너가 이
렇게밖에 못 하느냐는 험담을 하기도 한다. 모두 비싼 것이 반드시
좋은 것은 아니지만 작업자의 질적 수준과 공간의 쓰임새, 취향에
따른 이미지, 적용되는 재료 등에 따라 가격이 천차만별이다. 객관
적인 정보와 내역을 전달하여도 남지 않는 장사가 어디 있겠는가?
많이 남기는 거 안다면서 싸게 싸게를 강요한다. 많이 남기고 있다
면 디자인업계의 연봉이 이렇게 낮을 수 있을까? 업계 최저수준에
달하는 월급의 형태로 현시대에 근무하고 있는 디자이너들이 굉장
히 많다. 그럼에도 불구하고 디자인업무를 떠날 수 없는 것이 전공
자의 결단이다. 이들은 장사꾼 역할을 하려고 공부한 것이 아니다.
디자인의 중요성을 아는 사람들이고 사람들에게 나은 생활과 편리
함 그리고 아름다움을 주는 체계성을 알고 있다. 현대문화에 잘 어
울림을 가질 수 있는 환경을 전달하고 싶기 때문이다.

　최근 몇 신도시에서 유럽의 집합주택 및 새로운 건물들이 벤치마
킹되어 외형적인 시각이 복사되어 건물이 지어진 사례들을 보게 된
다. 환경의 특징과 건축가 및 디자이너의 아이디어보다 해외 사례를
옮겨놓은 듯한 짝퉁 건물이 들어서고 있는 것이다. 문화와 지역특성
을 고려하지 않은 것이다. 건축과 전공 수업에서 배운 환경 및 지역
분석에 관한 내용들은 제대로 활용하고 있는 것일까? 우리의 정체성
은 느낄 수 없는 여러 조합물로 고객을 기만한 행동이 될 수 있다.

그럴듯한 외부적 형태에 현혹된 눈속임으로 디자인 수준을 하락시키는 현상이 안타깝다. 많은 건축주들은 지어진 예제 사례를 보고 싶어 한다. 이미 지어진 것은 장단점과 이해를 위한 것으로 보아야 하는데, 자신의 건물에 대입하면서 대지에 맞는 수정을 요청하는 경우가 허다하다. 강한 주장과 더 좋은 디자인을 제안하지 못하는 건축설계자 및 디자이너에게도 책임이 있다고 생각한다.

다시 한 번 언급하지만, 디자이너는 전문직이다. 14번째 챕터에서 고된 과정을 짧게나마 기록하였지만, 실제 쓰인 내용보다 갖은 훈련과 자기와의 싸움에 힘겨운 시간을 보내고 있는 야무진 디자이너들도 많다.

학생들에게도 종종 이야기하는 것 중의 하나는 의사는 아픈 것을 낫도록 도와주며 변호사는 논리적으로 문제를 해결해주는 등의 책임이 있는 전문가임에 비해 우리 분야는 전문가로서 어떤 책임이 있는가를 질문한다. 대답할 수 없다면 우리는 전문직을 포기한 것이다. 그냥 장사꾼(?)일 수밖에 없다.

우리 분야가 하위등급으로 인식되고 고객에게 존중받지 못하며 힘들게 이룬 작업의 내용을 공짜로 공급해도 하소연 못하는 것은 우리의 잘못이 먼저라고 여겨진다. 당장에 디자이너 작업의 목적성을 모르고 설계의 중요성을 모르는 선임들이 그러한 역할을 하여온 결과 대부분의 고객이 도면은 시공하면 따라오는 '종이'로 알게 하였다. 그 결과 가장 중요한 소프트웨어에 관한 두뇌활동은 0원 처리되는 현상이 당연시되는 현실을 맞이하였다. 첫 사회에 대면하여 설계비를 누가 돈 주고 하느냐는 무식한 발언에 할 말을 잃은 일을 잊을 수가 없다. 4년간의 대학공부는 공짜를 위한 노력이었을 줄을 누가 알았을까. 봉사와 업무는 분명 구분된다.

실제 작업 예시로, 고객으로부터 좋은 작업이 되었으면 바란다며 오로지 한 업무만 집중해서 결과물에 큰 성과를 요구하였다. 그에 맞는 금액이 산정되었고 양방의 합의에 계약은 체결되었다. 약조대로 다른 업무는 모두 중단하고 진행되었으나 시행사의 요청에 의해 계약한 기간보다 2개월이 연장되었다. 주말 없이 밤새우며 급히 요구된 것을 포함한 숱한 요청에 기한에 어김없이 전부 완료하도록 진행하였다. 몇 차례 작업내용 발표와 많은 미팅이 이루어졌다. 아이디어부터 스케치 및 스터디 모형과 최종 결과 모형, 3D를 포함한 전반적인 그래픽작업, 실시까지 이룬 전체 도면들, 적용되는 모든 재료리스트 책자까지 완료되었고 시공전반에 이르는 정보 등이 진행되었다. 그러나 정작 중도금부터 이루어지지 못하였고 결과적으로 남은 잔금지불에 아까운 심정을 비치었다. 1년 정도가 지나 양측에서 양보하고 협의하에 마무리를 지었으나 씁쓸한 현실을 맞은 경험이었다.

또 다른 일례로, 어느 정도 지명이 있는 고객으로부터 '확실한 아이템이니 이윤이 생기는 대로 12개월 할부로 매달 월급처럼 지불하겠다'라며 디자인 시안과 제안작업을 요청받았다. 어이없는 제안은 당연히 그 자리에서 거절한 사례도 있다. 동기들이나 선후배들의 더 기막힌 사례들이 있지만 자칫 고객의 입장을 왜곡시킬 수 있는 사례이므로 생략하고자 한다. 주변 지인들의 여러 사례를 듣고 직접 경험한 것들은 되짚어 생각해보면, 디자인의 영역이 보장받는 법적 규제와 객관적 조항들이 구축이 되어 있지 않다 보니 고객의 접근이 거래 조건하에 이루어지는 듯하다. 손해를 보더라도 울며 겨자 먹기

식의 일을 진행해야 하는 일들이 빈번하게 이루어질 수밖에 없는 사회적 구조가 만들어지고 있다.

졸업하자마자 능력과 역할에 대한 평가도 이루기 전에 명함에 '디자이너'라고 적혀지는 비체계적인 업무의 결과는 고객에게 고스란히 반영되는 것도 한몫을 더하고 있다. 대부분 자칭, 타칭 전공학습을 마치면서 바로 'Designer'라는 명칭을 달아준다. 해외에서는 'Assist'라는 명칭으로 시작한다. 'Designer'라는 호칭은 어느 정도 수준이 되었을 때 지칭될 수 있다고 한다. 무조건 달아주는 호칭이 남발하는 문화에서 전문가를 가려내기 어려워 보인다. 고객 대응이 서툴고 잘 알지 못하여 오류를 범하는 사회초년생에게 주어진 디자이너의 명칭은 가벼운 호칭으로 여겨지게 될 수밖에 없는 건 당연한 것 아닌가. 실례로 기업의 협력업체로 작업을 이루는 한 디자인 업체에서 실장이라는 명함으로 작업과 미팅이 이루어졌는데, 정작 실장직에서 이루어져야 할 일들이 제대로 처리되지 못하고 실수가 많아 당황해한 이야기를 전해 들었다. 완성도가 떨어지는 결과와 미숙한 대화로 인해 결국 그 업체는 협력업체에서 제외되었다. 스스로 반성해야 하는 사례로 여겨진다.

경험자인 선배의 역할에서 성장을 꾀하는 후배들에게 전달해줄 것은 반복된 악습이 되면 안 된다. '나도 그렇게 지냈다', '너희도 그렇게 해야 이 바닥을 이해한다'라는 단편적인 사고로부터 벗어나 융통성 있는 지휘자의 역할을 이루었으면 한다. 고객을 설득하고 우리의 자리를 만들어가는 가장 큰 몫은 경험자에 의한 수정된 방법전수라고 여겨진다. 이미 잘못된 것들을 경험했으므로 최소한의 노력이 가능한 범위에서 교정이 필요하지 않을까 싶다.

　한편, 고객은 고객다워야 한다. 물건을 고를 때 지불하는 금액의 가치를 얻기 위해 고르고 살펴보며 소비하는 것처럼 자신이 요구한 디자인에 대한 대가에서도 적정가격을 산정할 줄 알아야 한다. 자신이 무엇을 위해 디자이너를 만나고 있는지 똑똑한 고객이 되기를 바란다. 더불어 무한정 돈을 지불하라는 것이 아니다. 공사 진행이 어려운 금액을 한정 짓고 무리하게 요구당하는 경우가 허다하다. 공사 금액을 기업이윤으로 착각하지 말기를 바란다. 재료와 작업자에 대한 비용이 대부분을 차지한다. 또한 5~10%는 추가보수 및 관리비용과 보험 등으로 대부분 소요된다. 기업의 이윤은 매우 작은 범위에 속하게 된다. 실제 아이디어에 관련한 디자인 작업과 운영비가 반영되지 못하는 경우가 많다. 합리적인 조율과 서로의 신뢰에 따른 약속이 잘 이행되길 바라며 무료로 받는 서비스에 웃음 짓는 현상이 사라지기를 바란다. 살짝 귀띔하자면, 무료로 이루어진 것치고 정상적인 것이 거의 없다는 것, 그리고 차후 문젯거리로 발생될 가능성이 있다는 것이다.

06

규정되어 있지 않은 디자인 법칙

아이디어는 주 핵심 인원의 프로필과 창의성 수준 및 디자인 가치를 주는 자에게 달려 있다. 그만큼 노력과 경력 및 질적 수준의 차이에 따라 소위 두뇌값(brain fee)이 제시된다. 시공은 크게 자재비가 있고 인건비가 산정된다. 여기에 공사기간에 따른 시간과 관리 및 감리 측면의 인력비를 포함한 기업 이윤이 추구되는 견적이 측정된다.

종종 부풀리기 시공 견적가에 애매하게 설계비가 축소되기도 한다. 시공책임자는 뒷돈을 받지 못하면 무능력함을 대변하는 게 통상적인 일이 되어버렸다. 물론 정직하고 무던하게 자신 본연의 업무에 충실한 소수의 시공책임자는 대상 제외이다. 그야말로 정직하고 성실한 시공책임자를 만나기 어려움이 안타까울 따름이다. 현실이 이러하다 보니 고객도 풍문에 따른 이야기에 '견적 깎기'에 능해야 한다는 압박감을 가진다. 가격을 내리지 못하면 왠지 억울함을 느낀다. 무엇부터 잘못되었길래 수정되기는커녕 지속적으로 이런 관계를 이어가야 하는 것일까.

"대략 평에 150(만)이면 기본은 하지? 250(만)이면 고급으로 될까?" 말이 안 되는 지표이다. 250에 어떤 재료, 형태와 작업이 이루어지는지도 모르는 채 '고급'이 지칭되니 말이다. 암울하다. 가격이 디자인을 평가하고 있다. 무슨 기준일까? 제안하는 디자이너도 모르는 법칙이 있나 보다. 매뉴얼로 고정되어 있는 것도 아닌 것에 디자인도 없이 가격흥정이 이루어진다. 디자인의 중요성, 무엇이 공간에 편리한 변화와 새로운 아이디어를 부여하는지에 관한 가치를 어떠한 방식으로 도입하는가는 무시한 채 제안받은 일이 있었다. "어디 건설의 모델하우스처럼만 해주면 되니까 어렵지 않죠? 가격도 더 싸게 되죠?", "옆집은 얼마에 저렇게 했다는데 우리는 더 싸게 저것보다 좋게 해줘야 내가 또 소개해주죠." 그 고객은 무엇을 하고 싶었을까? 자신의 개성은 남의 집 따라 하기였을까? 싸게 하는 만족감을 위한 공사였을까? 결국은 성의 없는 제안으로 이어졌고, 공사는 이루어지지 않았다. 다행스러운 결과였다. 이런 경우는 허다하다.

주체가 되는 고객이 무엇을 추구하는지 모르는 채 허영심이 앞선 비체계적인 도입은, 디자이너의 능력을 실추하고 앞으로의 디자인 방향을 멈추게 하는 효과를 주게 된다.

규모가 큰 다수의 프로젝트 중 우리나라 디자이너는 시중을 들고 있는 경우가 아주 많다. 우리나라에서 하는 디자인은 신뢰가 가지 않고 믿을 수 없으며 질적으로 떨어진다고 직설적으로 이야기하며 무조건 해외 건축가, 디자이너 유입을 통해 설계하기를 유도한다. 외국전문가에게 한 수 배우라는 좋은 취지(?)가 있다는 장점이 있기는 하다. 허탈감과 좌절감이 들어 많은 실력자들은 자신의 아이디어를 제대로 한번 발휘해보지도 못한 채 은퇴를 바라보는 시점에 이르기도 한다.

'기본'이라는 기초사항에 이르는 단위가 있다. 눈에 직접 보이지 않는 곳에 쓰이는 재료와 설치를 위한 작업시간 소요와 비용에 대한 지출을 아깝게 생각한다. 외장재처럼 뜯고 다시 하기에 매우 어려운 기초공사는 마무리공사보다 더 신경을 쓰고 단계별 공정을 거쳐야 한다. 이러한 곳을 비용이 든다는 이유로 생략해버리거나 적당히 구색만 갖추게 되면 사후관리 비용과 빈번한 하자에 골치를 썩이게 된다. 이런 식으로 기초공사의 중요함을 간과한 채 진행된 건물에서는 공사 후 문제는 누가 책임질 것인가. 발주처의 동의를 얻었다 하여도 하자 보증 기간에 발생하는 것들에 대해 제대로 된 조치가 가능한 것인지 의문이다. 실제로 신축되는 타운하우스의 주택공사 현장을 방문하고 무척 당황할 수밖에 없던 경험이 있다. 단열재를 생략하고 진행하고 있었고 제대로 된 도면 없이 대충 눈어림으로 골조공사를 하고 있었다. 단열공사는 옵션으로 고객에게 직접 필요시 진행하라는 것이다. 이미 외장재를 덮어버리게 되면 모두 뜯고 재시공을 해야 하는 것인데 상식선에서 공사가 진행되지 않은 상태였다. 벽지나 내장재로 덮어버리면 된다고 여기는 발뺌하는 식의 기초공사를 이루어 차후에 기초가 갈라지거나 틀어지고 방수처리 미흡 등의 보이지 않는 건축 및 토목공사의 오류는 바닥이 일어나거나 터지면서 깨지는 현상 및 나무재가 썩어가기도 하며 벽지에 곰팡이가 피고 색상이 빨리 변함과 수축 팽창의 반복에 터지면서 찢어지는 등 상태가 빈번하게 나타난다. 마치 내장재의 불량품으로 여겨질 수 있는 표면적인 실태인 것이다. 결국 고객에게 잘못된 공사를 시정할 것을 건축시행사 측에 요청할 것을 권고하였고, 이행이 되지 않아 계약파기로 결론이 났다. 내부공사를 진행할 우리로서는 프로젝트가 무산된 경우이기는 하나 시작 전에 중단된 것이 다행스럽게 여겨졌다.

건축은 잘못이 없다고 우선적으로 이야기한다. 실내디자이너들은 억울함을 가진 채 원인파악에 나선다. 반복된 사후관리는 기업의 큰 손실과 업무방해가 이루어지기 때문이다. 원인파악에 나서면 대부분 기초공사 및 외부의 마감상태에 따른 이유가 드러난다. 원인규명의 증거가 뚜렷해지면 그때서야 일부적으로나마 수긍하며 부분적으로 마치 도와주는 것과 같은 분위기에서 사태수습을 하게 된다. 기초공사 시 구조의 미흡, 외부방수 및 시공의 약소화 같은 눈 가리고 아웅하는 식의 이윤을 조금이나마 창출하기 위한 줄임공사법을 행한 결과이다.

원인파악은 사실상 쉬운 문제가 아니다. 내장재를 모두 걷어내고 기초의 일부를 훼손하면서 시간과 인력소모가 이루어질 뿐만 아니라 정확하게 짚기 위한 단서를 잡기 위해 여러 가지 공정과 재료들이 복합적으로 엮여 있는 것을 풀어가며 원인파악이 제대로 이루어져야 하기 때문이다. 이러한 문제점을 안고 무조건 내장재를 새로 교체하는 것으로 문제를 덮어가며 실내디자이너들의 몫으로 결정지어진다. 무엇 하나 뚜렷한 기준과 기록이 존재하지 않는 분야이다 보니 블랙박스 같은 것들이 필요하지 않을까 생각해본다. 따라서 모든 공정에 대한 사진기록과 공사 일일보고서 작업이 꼼꼼하게 이루어져야 한다. 사실 명확히 작성된 기록기를 찾아보기 어렵다. 간추린 요지를 간략히 기록할 뿐이다.

어리석은 체계는 우리를 더욱 비전문성으로 추락시킨다. 조명을 선택할 때 조명디자인 전문가를 영입한다. 가구를 선택할 때 가구디자인 전문가에게 의뢰한다. 이러한 작업은 전문적인 조합을 위해 프로젝트의 규모에 따라 진행된다. 문제는 이를 통괄하는 실내공간디자이너의 업무 수행 태도이다. 전문가에게 맡기고 자신이 검토해야 하는 작업을 베어내고 방관하며 자료를 주고 걷기만 한다. 솔직히 각 부분 전문가에게 대응하는 방법과 지식이 부족하기 때문에 단계별 업무 진행 참여가 어려운 디렉터들이 담당을 하고 있기 때문이다. 공간디자인에 대한 인식 부족과 지속적인 자기학습이 안 된 데다가 앞서 언급되었던 게으른 경력자들이 다수 자리를 차지하고 있기 때문이다.

실내디자이너들은 '전문 코디네이터'라고 지칭될 수 있다. 다시 말하면 공간 안에 이루어지는 모든 내용을 총괄하는 디자인 매니저 같은 역할을 하는 전문가인 것이다. 공간 안에 체계적인 기능과 심미성을 정돈하는 종합 설계사로 전반적인 내용을 모두 담고 있어야 하는 것이다. 조명전문가, 가구전문가를 영입하기 이전에 이미 기본 요건에 따른 뛰어난 시각과 기능전달 목적을 통해 세부사항까지 파악하고 있어야 한다. 최종결정은 실내디자이너가 책임을 지고 선별하게 되면 이를 의뢰인과 협의하고 조율하며 디자인을 매듭짓게 되는 것이다. 공간디자이너 역시 모든 범위에서 은유적으로 표현하는 지휘자적인 역할을 하는 전문관리자임에 지휘자의 역할에 합당한지 스스로 판단해보아야 할 것이다.

전문성에 눈을 뜬 의뢰인은 이야기가 다르다. 건축과 실내디자인을 명백히 구분 짓고 각 전문가의 조율을 살피고 각 역할에서 가장 전문성을 강화한 공간을 갖추기에 욕심을 낸다. 무조건 저렴한 결과에 우선순위를 가지며 견적서에 1등, 2등을 주지 않는다. 덤핑하는 의뢰인의 기본관념에서 문제는 더 크게 증명되고 있어 서로 간의 가격경쟁에 눈치를 보며 본질적인 중요한 것을 망각하게 한다.

실제 신축공사를 진행하던 프로젝트의 실내공간 시공 계약을 이루었으나 건축시행자의 반발에 계약 포기로 결정이 난 사례가 있다. 의뢰인의 적극적인 공간전문가의 의견을 수렴하고자 하는 의견에 공들여 제안과 디자인 논의를 장기간 협의해왔다. 문제는 건축공사 팀에서 이익적인 측면을 가지고 공사중단 시위를 한 것이다. 반축공사는 이익이 남지 않고 시공과정에서 실내공간시공팀과 조율하는 것이 번거롭고 불편해하는 이유를 들어 심한 반대에 부딪혔다. 결국 계약파기로 실내디자인시공팀은 손해를 보고 의뢰인 역시 부분적으로 손실을 보며 건축 쪽에 손을 들어주었다. 분야의 전문성을 존중하지 않고 다룰 수 있는 가능범위라는 이유로 이익의 손실을 크게 부각하며 실내디자인의 영역을 온전하게 무시한 행태이다. 건축을 비롯한 모든 사회 전반에 걸쳐 기본적인 규정을 갖춘 것과는 달리 실내공간을 위한 설계 및 시공 측면 그리고 기업운영을 위한 여러 내용의 법적 효력에 관한 규정이 제대로 되어 있지 않다. 실내건축가협회에 의해 정리된 내용은 있으나 건축법규, 기본법 및 시행에 비해 효력이 매우 낮다. 다수의 공간디자인 전문가들은 실내디자인과 실내건축의 범위에 혼선을 피할 필요가 있다고 한다. 건축이라 지칭하고 실내건축이라 하니 건축에 내포된 한 영역으로 인식되기 때문이다. 디자인의 영역을 실내, 시각, 산업, 섬유 등의 전문성 강화로 나눈 것과는 온전히 다른 명칭이다. 대부분의 건축가 출신 분들이 이끌어온 자연스러운 형성이라고 하지만, 실내디자인의 영역을 전문화하기에 소극적으로 진행된 30년이 아닌가 싶다. 좀 더 강화된 공간을 다루는 전문적 실내디자인의 입지를 굳힐 수 있기를 바란다.

학회를 비롯한 여러 전문가가 모여 실내디자인에 이르는 공간디자인에 관한 설계법안 도입과 건축 분야에서 지정한 여러 체계적인 공인서를 구축하려고 부단히 노력하고 있다. 관철되고 있지 않으나 전문적으로 업무를 수행하고 원활한 대응을 위해 반드시 필요하다고 여겨진다. 근본적인 규정과 정당화가 가능한 기준이 형성된다면 많은 문제점들이 해결되어 높은 수준의 디자인이 이루어질 수 있다고 생각한다.

Tips

공사비는 사용할 만큼의 한정적 금액을 가질 수 있지만, 면적에 따른 공식은 있을 수 없다. 한정된 금액에서 디자인재료가 정해질 수 있고, 디자인개념에 따라 다양한 재료 적용으로 금액의 변동은 크게 차이가 난다. 고객은 디자인을 금액에 따른 시험에 들게 하지 말기를 바란다. '대충 얼마'라는 내용은 저렴한 디자인을 요구하는 행위와 같기 때문이다. 예산에 의해 진행될 수 있도록 초과하지 말아야 할 범위를 디자이너에게 전달하고 그 안에서 디자인이 충분히 이룰 수 있는 논의로 똘똘한 고객의 태도가 디자이너 능력을 이끌어낼 수 있다. 값을 측정할 수 있는 안목과 균형감 있는 재료적용이 잘 이루어졌는지를 적절한 배치로 사용상에 무리가 없는지 등에 관하여 판단하는 것에 더 세심한 의견을 주기를 바란다.

고객, 즉 의뢰인은 이상할 만큼 저가로 견적서를 제출했거나 타 회사가 반드시 해야 한다고 조언한 내역이 필요 없다고 범위를 생략하는 것에 대하여 별도의 조사가 필요할 수 있다는 것을 귀띔해주고 싶다. 사후관리가 이루어지지 못할 회사가 대다수일 것이다. 계약서 조항을 꼼꼼히 살펴 차후 문제가 발생하지 않도록 살펴야 한다.

디자이너는 전문성을 강화하는 자세로 고객은 자신이 투자한 것에 좋은 결과와 관리를 위하여 원칙과 정확한 내용을 담아 서로 확인하는 절차를 거치기를 바란다.

07

시공하면 설계비 공짜

애매하다. 기준이 없다. 제각각 '골라골라 부르는 게 값'을 외치는 것 같다. 금전적인 이야기가 반복되어 나타나지만 디자인의 완성도에 중요한 고리 역할을 하는 까닭에 모든 챕터에서 다루게 된다.

얼마나 많은 공간디자인 관련 업체들이 진행비를 받지 않고 공사를 완료할 수 있을까? 수십 억씩 자체 자본금을 보유하지 않는 이상 불가능하다. 바꿔 생각하면 타 업종의 기업들은 돈을 받지 않고 물건을 내어주는 게 당연한 것인지 궁금하다.

무언가 지어지는 것이 직접 보이는 것에 돈을 사용했다고 생각하는 고객과 그러한 생각이 맞다고 맞장구치면서 고객을 감싸는 디자인 관계자들이나 딱하기는 똑같다. 여러 시공담당자와 협력하며 일하여 왔지만 거의 대부분의 시공담당자는 '시공을 할 건데 왜 설계비를 청구하는지 모르겠다. 설계비 받으면 경쟁력이 없다'는 이야기를 거침없이 하며 디자인 설계자들을 설득한다. 그러한 말에 호응을 해줄 가치가 없다. 멋있는 이태리 대리석을 부착하면 고급 시공이 이루어지는 듯 여기는 것 같다. 값비싼 대리석을 부착하기까지 돌의 규모와 배치를 생각하고 부착하기 위한 구조설계와 밑작업에 관한 것은 생각하지 않는 것이다. 비용이 들었다고 여기는 것은 대리석인 것이다. 의뢰인은 잘 모를 수 있다고 해도 시공담당자는 그런 작업을 위해 도면을 그리고 외부 모양을 다듬는 수작업에 대한 것을 간과하면 안 되는 것 아닌가.

한 가지 예를 들어보면, 집을 리모델링하는데 주방에 드는 비용만으로도 전체 주택 견적가의 50% 이상을 차지하는 경우가 종종 있다. 물론 규모와 재료 그리고 브랜드에 따라 가격 차는 무척 다르다. 수납장 문짝 달고 상판 얹히는데 무슨 그런 비용이 들까 싶다. 그 속을 제대로 들여다보면 조금 이해할 수 있을까? 먼저 설계부터 살펴야 한다. 하루 세끼 작업이 이루어지는 매우 바쁜 공간이다. 각 고객의 습관에 따라 움직이는 동선이 달라 그에 맞는 가장 효율적인 배치와 아이디어가 여러 방법을 적용하며 이루어진다. 다음으로 제품들이 앉혀지므로 물 사용과 환기 등을 고려한 설비와 전기 등 필요한 시스템을 구축하여야 한다. 빌트인 냉장시스템, 세탁기, 복합오븐기, 식기세척기 등의 전자제품이 추가되면 가격은 당연히 오르게 되어 있다. 가스레인지와 후드설치는 기본적인 사항으로 기구의 사양에 따라 가격 폭이 크다. 서랍 속 도구들을 놓기 위한 아이템들, 수납장 내부에 짜인 기능적 시스템들, 설거지를 위한 개수대의 크기와 재료 그리고 수전의 종류 등 짜임새 있고 효율적인 주방을 위해 고려할 사항들이 많다. 이러한 일련의 과정들이 기본 설계 및 제안 작업에 해당한다. 체계적인 시스템을 구성하기 위한 필수 작업이다.

다음에 정해진 계획에 의하여 설치가 이루어진다. 고객은 설치부터 돈이 들어가는 것으로 인식한다. 어떤 소재이므로 얼마일 것이다. 크기가 어떠하니 얼마 정도 되지 않겠느냐에 대한 가늠을 한다. 어차피 설치비용에 다 포함되었을 것 아니냐라는 반문이 발생한다. 뭐가 잘못된 것일까? 잘못이라기보다는 무엇에서부터 검토되어야 하는 것일까? 문제는 제안하는 디자인 전공 관련자들 혹은 가격측정을 이루는 기업 관리팀이 시발점이라는 것이다. 견적서 또는 고객에게 금액을 설명할 때 어느 누구도 과정에서 이루어지는 설계단계를 논하지 않는다. 고객을 고려한 사전조사와 맞춤에 따른 설계도입 없이 기성제품 중 고르는 선택권에 집중된 판매중심이다 보니 면적에 맞춘 A타입은 얼마, B타입은 얼마 식의 총합계론을 펼친다. 고객은 당연히 그 가격에 모든 것이 포함된 것이라 생각하게 된다. 공간디자인을 제품으로 인식하게 만든, 가장 대표적인 해당 품목으로 여기고 있다. 규격화된 기성품 기준으로 대량생산 공급으로 이루어지며 트렌드에 따라 여러 타입을 제공하고 이를 선택하도록 한 것이다. 방식은 제공된 타입 중 선택한 품목을 구입하는 것과 고객의 취향과 작업형태에 따른 맞춤형으로 구분될 수 있다. 고객의 특성과 필요항목 등이 반영된 주방공간이 만들어지기를 기대하면서도 기성품에 준한 가격을 선호하는 것이다. 공간을 꾸미는 작업이 휴대전화처럼 구입해서 사용만 하는 단편적인 기성제품이 아니라는 것을 거의 모든 사람이 알고 있다. 자신만을 위한 디자인으로 휴대전화가 생산된다면 기성 휴대전화와 같은 가격으로 만들 수 있겠는가? 그리고 동일한 작업시간으로 생산이 가능할까. 더 많은 시간과 작업소비가 이루어진다. 매우 상식적인 방식임에도 불구하고 고객들은 공간디자인에 바라는 것이 많다. 그것도 당당하게 공짜로 말이다. 실내공간디자인은 사용상, 기능상 각 구분되는 공간에 고객의 요구, 취향과 편리성에 따라 맞춤형으로 구성된다. 장판을 새로 깔고 벽지를 새로 붙이는 작업은 더러워지고 손상된 공간을 깨끗하게 보수한 상태로 여겨진다. 디자인이 되었다는 것은 기존에 대한 개선과 편리성 등의 아이디어가 첨부된 상태가 될 것이다.

한편, 건물의 신축공사가 이루어지면 내장공사는 보너스처럼 따라오는 것이라 여기는 고객도 적지 않다. 골조가 세워지고 어느 정도 외관형성이 마무리되어 갈 때 즈음해서 내부는 깔끔하게 잘 마무리하여 달라는 고객의 지시 같은 요청이 발생한다. 건축공사의 잔금과 마무리를 위해 어쩔 수 없이 내장공사는 진행된다. 고객에게 작업에 관한 설명을 이루며 내부공간에 따른 비용청구를 전달하면 마치 무언가 잘못하여 부탁하는 모습이 되어버린다. 마치 사과 한 박스 사면서 옆에 크고 비싼 배 몇 개를 덤으로 달라며 무작정 봉투에 넣고 보는 고객 행태와 같다.

설계가 제대로 갖추어지고 개념이 도입된 기초작업은 사용자를 고려한 공간의 가치 있는 지속성을 지니게 한다. 시공만큼이나 매우 중요한 선작업이다. 이러한 작업에 관한 명확한 전달이 이루어지지 않고 있는 현실에서 기업의 사회적 책임을 묻고 싶다. 만들어내서 공급하는 과정에 참여하는 전문성과 노력은 무시된 채 이루어지다 보니 고객에게 괄시받는 것은 당연한 결과를 초래하는 것이다.

바닥과 벽 그리고 천장이 이루는 공간을 바라보자. 발이 닿는 면, 무언가가 놓이게 되고 기대게 되는 벽, 그것을 덮는 천장이 이루는 공간 안에서 수많은 다양성이 존재하게 된다. 이 세상에 똑같은 사람이 한 명도 없는 것처럼 자신이 머물고 있는 그 장소는 사용하는 사람을 위한 것이다. 시공하면 당연히 설계가 이루어지는 것이 아닌, 설계가 이루어져야 시공이 가능하다는 것과 서로 간의 존중과 소비성의 가치가 얼마나 중요한지를 명료하게 짚어주고 싶다.

08

PT의 속임수

　"당당함, 과장되더라도 확신성 전달, 일단 의뢰인의 마음을 사고 보자"라는 방식의 제안 프레젠테이션(PT/Presentation)을 지켜보면 디자인 제안과 결과물의 불일치가 되더라도 고객의 선택을 받게 된 능력으로 치부될 수 있을 것이다.

　가능 여부가 불확실하고 그럴듯한 거짓말까지 하면서 프레젠테이션을 진행하는 것을 보면 안타깝기도 하다. 부족한 능력을 포장하려고 애쓰는 것처럼 여겨지기 때문이다. 임기응변식의 소위 말발 좋은 사기성 강한 발언으로 감성적 호소력을 내뿜는 연설은 순간 감동이다. 거짓 감동연설을 듣고 있으면 동종 업계 종사자 입장에서 참기 어려운 불편함과 부끄러움에 웃을 수 없는 상태가 된다.

　보기 좋은 물건에 손이 가는 건 맞지만, 기대한 결과에 못 미치는 과장된 이미지와 구두로 현혹하고 실제 사용된 재료의 직접적인 느낌보다는 화려한 기법으로 시각물을 만들어 제출한다. 이미 고객 입장에서도 참신하고 진정성 있는 방식의 아이디어는 흥미롭지 않다. 멋스럽게 기교가 담겨 치장된 PT에 집중이 잘되고 이해가 빠르게 진행되기 때문이다. 물론 지루하고 내용이 불충분한 데다가 편집이 엉망인 PT와 비교하자는 것이 아니다. 실현가능 범위에서 담백하게 담아낸 PT는 이해를 주는 데는 직접적이기는 하나 재미있는 볼거리가 없다 보니 밋밋하게 받아들인다. 고객은 잘 만든 CF와 같은 성의를 기대하는 것이다. 물론 앞서 언급한 추가작업 비용 없이 수준 높은 시청이 가능한 결과물을 원하는 것이다.

아이디어도 훌륭하고 표현법이 탁월하게 좋으며 엣지 있는 외형을 지닌 발표자가 설명까지 똑 부러지게 진행한다면 완벽한 제안 PT가 될 것이다. 그러한 것을 원한다면, 그만큼 대가를 역시 기대하여야 할 것이다. 완벽에 가까운 제안서를 요청하면서 서비스라고 지칭하는 담당자 혹은 고객은 상당히 부끄러운 줄 알아야 한다. 근본적인 업무라는 것을 모르는 채 사회생활을 하고 있기 때문이다. 이러다 보니, 모든 것을 갖추기 어려운 디자인 관련 기업은 먼저 유혹될 만한 접근을 시도한다. 짧은 시간이 주어진 데다가 프로젝트를 수주해야 한다는 의지에 잘된 사례를 도용해서 그럴싸한 포장을 하는 데 많은 시간을 투자한다. 그러한 작업의 결과는 추악한 공간과 균형감 잃은 환경에서 고스란히 드러나고 있다. 차별화라는 단어 아래 정신없이 난잡한 형태들이 발생하고 눈에 우선 띄도록 파격적인 시각물을 도입한다. 당연히 오래가지 못하는 아이디어들이다. 대부분 얼마 못 가서 다시 공사하는 현장을 허다하게 보았다. 명확한 콘셉트를 가지고 디자인을 이끈 작업을 대부분 못 해본 이런 경력자들은 후임들에게 같은 실수를 계속 반복하며 디자인에 아이디어 없는 도용에 관한 응용력을 전수한다. 그러한 쳇바퀴 같은 행위가 고객에게 번번이 전달되고 있다. 아이디어는 최소한의 일정 소요시간이 필요한 작업이 필요하다. 그리고 아이디어에 대한 즐거운 표현법과 이해를 위한 구성 및 호소력 있는 PT 방식이 이루어진다. 좋은 콘셉트는 좋은 PT로 연계된다. 알맹이 없이 포장된 설명과 기교는 화려하지만 메시지가 약하다. 고객은 좋은 결과물을 위해 자신의 의견을 번복하기보다는 명확하게 정리한 내용을 전달하고 디자이너에게 일정 시간 생각들을 풀고 정리하며 다듬어갈 시간에 대해 인정해야 한다.

현재 많은 블로그나 SNS 및 온라인 카페 등에서 프레젠테이션 기법에 관한 방법론을 논하고 사회적으로 소통하는 전달법에 관한 대회를 통해 우수 기법 및 발전 증진에 힘쓰고 있다. 사회적 요구사항이라는 점으로 해석될 수 있을 것이다. 디자인 영역 특성을 반영한 아이디어의 해석, 여러 카테고리의 분석 및 통계지수의 명백한 객관성보다는 현혹할 만한 이미지 접근이 우선적이어서 설득력 있는 프레젠테이션이 되기 위해 기업은 부풀리기식의 애매한 스토리 전달을 하고 있다. 이는 차후 전문성의 취약점으로 평가될 수 있다. 기대에 못 미치는 결과는 회피할 수 없는 문제를 야기하기 때문이다.

한편, 잘된 예전 PT 방식 또는 수집된 자료를 잘 엮기도 한다. 타기업의 우수사례 PT를 조금 변형하여 자신의 것으로 속여 보여주는 것인데, 무척 불안해 보인다. 마치 재방송된 드라마를 보여주는 꼴이 된 듯하여 조마조마하다. 일종의 단시간 해결책으로 볼 수 있으나 속임수 같은 눈 가리고 아웅 하는 식이 되는 경우로 여겨진다. 일단 급한 불부터 끄고 보자는 식인데 이런 식의 시작점을 가진 경우 진행도 매끄럽지 못할 뿐 아니라 결과도 시원찮게 된다. 그리고 이런 작업이 번복되면서 익숙해진 디자이너는 모든 PT준비 시 사례부터 찾는다. 이러한 작업은 콜라주4) 형태의 응용력이 발산되는 형식이다. 스스로 자신의 아이디어를 접목한 방식이 아닌, 타인이 설정해놓은 프레임에 일부 언어와 사진만 교체하는 작업을 하기도 한다. 재활용하는 것이다. 돈 주고 리포트를 구입하여 이름만 바꾸어 제출하는 현상과 다를 바 없는 현실이다. 결국 디자이너에게는 자신만의 표현법을 익히기보다는 정보 공급업체를 통해 편리한 응용력을 키워가는 것이다. 답답하다. 무엇을 추구하는 것이 디자인인가를 묻고 싶다. 이러한 업무를 진행하면서 정작 의뢰인이나 타 협력업체의 불평에 관한 내용만 운운한다. 정작 자신이 디자인 일의 기본도 행하고 있지 않으면서 말이다. 이러한 작업의 반복은 실내디자인 분야를 전문성으로부터 멀게 하며 가깝게는 디자인 업무의 흐름을 놓치게 되는 개개인의 손실을 가져온다.

친환경을 위해 내세워진 키워드로, Green Design, Eco Design, 생태(生態), 재생 등의 건강과 자연주의를 내세운 환경오염 등에 관한 내용이다. 한 기업에서 근무하는 지인의 이야기에 의하면, 가공된 화학제품이며 공업적인 방식으로 생산되는 재료가 왜 'Green'인지 거꾸로 찾아가며 억지스러운 마케팅에 끼워 넣는다고 한다. 본인들도 이것이 어떠한 이유로 Eco 디자인인지 암기수준에 가깝게 숙지하면서 세뇌시키는 방법을 취하게 된다고 한다. 그러다 보니 순간적으로 왜 Green인지를 PT 직전까지 놓치게 된다고 한다. 그럴싸한 시각물로 감추는 비체계적인 PT와 난해한 전문언어의 조합과 언어

---

4) 콜라주(Collage)는 각양각색의 것을 오리고 가필하여 발라 붙이는 기법이다[NAVER 용어해설 참고].

소통이 어려운 대화법으로 있어 보이기식 발표가 이루어지는 것이다. 물론 모든 공간디자이너가 그런 것은 아니다. 다수의 디자이너가 이러한 작업형태를 이루는 것을 보고 듣는 점에서 동종의 입장으로 난감함이 느껴질 따름이다.

PT의 전달에 대한 큰 실수를 살펴보며 실내디자인의 업무의 방향성을 고민해보고 싶다. 알아보기 어려운 그림들의 매치들로 이루어진 프레젠테이션에서 어느 대표분이 말씀하셨다. '나는 하나도 알아볼 수 없는 것을 가져와 이해하라면 더 이상 볼 것도 없다.' 디자이너들의 독특한 시각물을 가져오는데, 투자가치에 대한 내용의 전달을 기대한 고객의 입장에서 준비된 회의인지 자신들이 독특하다는 것을 알아달라는 것인지 화가 난다고 하셨다. 디자이너는 소통이 가능한 전문성의 언어와 정확히 인지될 수 있는 이미지로 애매모호한 방식을 이제는 벗어나야 할 것이다.

보다 정확한 시공 후 계획과 동일한 매치가 이루어지게끔 진행하는 디자이너가 바람직한 현상일 것이다. 자신이 감각이 뛰어나니 알아달라는 식의 전달은 이제는 그만하자. 꾀부리며 연기력 좋은 디자이너를 만나는 기분이 들지 않도록 자신의 참된 지식을 드러내는 데 애쓰는 모습을 공유하고 싶다. 일부러 나타내는 특별한 외모의 구성과 독특한 취향의 두드러짐에 대한 어필 또한 가끔은 반감이 든다. 자신의 심볼 같은 몇 아이템을 걸치는 것은 어느 정도 이해는 된다. 그러나 나는 남과 다르다는 것을 부각하기 위해 지나친 표현으로 두른 외형은 피에로 같다. 이제는 고객들도 자신보다 감각이 좋은 한편 같은 공감대를 형성할 수 있는 디자이너를 선호한다. 자신의 요구사항을 잘 끌어내어 만족도를 높여주기 때문이다.

개성과 독특한 치장 그리고 분장은 구분되는 것이다. 때와 장소에 맞는 디자이너였으면 한다. 즉, 실내디자인을 하는 목적을 충분히 알고 있는 디자이너라면 이러한 실수 없이 진행을 할 수 있을 것이라고 여겨진다. 정확한 실내디자인의 업무 방향성과 추구하는 목표를 간과해서는 안 될 것이다. 디자인은 객관성이 우선이며 전문가를 찾는 타인에 대한 배려를 놓치면 안 되지 않을까.

경청하는 의뢰인들은 진정성 없이 진부하고 왜곡된 결과물에 박수쳐주지 않는다. 디자이너보다 더 섬세한 판단력을 가진 고객들이 대부분이다. 냉철하고 이해타산적이며 무엇이 창의적인지 자신의 시간과 돈을 투자하며 예민하게 지켜보고 있다.

매번 스캔과 복사만 하던 신입시절부터 디자인 전개방법을 잃은 소위 '디자이너'라는 위치에서 쫓기는 시간에 맞춰 만드는 PT는 베끼기와 기존의 유사 PT의 재구성이 대다수이다 보니, 이러한 작업의 반복에서 자신의 차별성을 드러내는 것이 주관적인 해석의 자기 취향 드러내기로 나타난 듯하다.

PT는 디자인을 어필하는 중요한 발표시간이다. 얼굴에 자신감을 가지는 압축된 콘셉트를 전하는 시간이다.

진정한 감동을 줄 수 있는 것은 힘 있는 맑은 눈동자에서 자신감을 보는 순간 느껴질 수 있지 않을까. 끼워 맞추기, 말장난, 과거 PT 재활용 등과 같은 어리석은 작업 형태로부터 벗어나 진정한 전문가의 면모를 갖추기를 간절히 바라본다.

Tips

솔직해지자. 과장을 잘라버리자. 담백한 내용을 잘 가꾸자. 화려해 보이고 옵션이 많은 내용은 지속성을 가지기 어렵다. 참신하고 명쾌한 내용은 서로를 기분 좋게 한다.

자신(自身)이 진행하고 있는 내용을 누구보다 잘 알고 있고 자신(自信)이 있다면 PT는 잘 만들어질 것이다. 무엇부터 해야 할지 모르고 본인 스스로 자신이 없기에 타인의 것을 끌어오게 되는 것이 아닌가. 고객에게 디자인을 어필하는 것은 디자이너 머릿속이 얼마나 정돈이 잘되어 있는가에 달려 있다. 잘 다듬어진 내용을 가지고 있다면 전달하는 과정에서 충분히 매력적인 대화체로 고객을 설득할 수 있기 때문이다.

아는 척하지 말기를 바란다. 금세 들통 나고 신뢰가 무너질 수도 있다. 자신이 무슨 말을 했는지도 나중엔 잊게 되어 책임감 없는 모습으로까지 이어질 수 있다. 아는 만큼, 준비한 만큼, 최선을 다했다면, 나를 보여주는 자리에 남을 끌고 오는 행위는 이제 그만해도 된다.

남발되는 PT 기법 활용은 창의적인 제안방식으로부터 자신의 생각을 제어당할 수 있다는 생각이 든다. 참고로만 활용하고 자신의 표현법을 만드는 데 노력하기를 바란다.

고객은 최대효과를 위해 애쓰는 디자이너와 특별한 외형으로 돋보이는 감성과 입담으로 드러내는 디자이너와의 분별력을 가지는 것이 자신의 결과물에 만족도를 높일 수 있을 것이라 여겨진다.

09
디자이너의 열정

지나친 열정은 자만심을 넘어 타인에 대한 존중을 망각하게 한다. 마치 자신만 감각이 있고 탁월한 디자인 관점을 가졌다고 생각하며 타인이 가진 경험과 조언은 가볍게 여긴다. 본인이 선두에 있어야 일이 된다고 언급하며 타인이 내놓은 결과물에 극한 비판을 일삼는다. 주로 경력 5년 차가 넘어서면서 흔하게 일어나는 디자이너의 겸손박탈 현상들이다.

한편, 주5일제에 정시퇴근 근무조건을 강조하며 평균치의 월급 이상에 지나친 의존성을 가지는 자는 기업의 발전에는 크게 관심이 없다. 자신을 보호하고 법적 대응에 능한 실리성에 일의 집중도는 떨어진다. 결국 어떠한 이윤도 줄 수 없는 대상이다.

제발 근무시간에 개인적인 모바일을 통한 수다 같은 메시지 주고받기, 쇼핑목록 탐색, 메신저별 채팅, 블로그 검색, 홈페이지 업데이트, 페이스북 관찰, 괜히 바라보는 검색어 순위 등을 절제하기를 권고한다. 이러한 현상은 기업 측에서 바라보는 업무상의 문제만이 아니다. 자신의 일에 흥미를 가질 틈조차 상실하게 되어 불만족만 높아진다. 집중이 안 되고 일에 몰두한 적이 없는데 업무 성과가 있을 리 없다. 그러다 보니 즐거움과 보람을 가질 수 없는 것은 당연하다.

업무에 몰입하기까지 필요한 시간이 소모된다. 컴퓨터를 앞에 놓고 업무를 이루는데 하루에도 이유 없이 수차례 인터넷 아이콘을 습관처럼 누르게 된다. 포털사이트에 올라온 기사를 보게 되고 여기저기 둘러보며 댓글 달고 어느새 온라인 속에 빠져든다. 시간은 금세 흐른다.

다시 업무에 집중하려니 쉽지 않고 시간은 퇴근시간에 다다르며 상사는 업무진행을 이룬 보고를 요청한다. 갑자기 갑갑해지면서 짜증이 난다. 야근을 생각하며 투덜대기 시작하고 주변 지인들에게 회사에 대한 불만을 내놓기 바쁘다. 야근해도 뭘 했는지 모르게 새벽이 되어간다. 이러한 반복된 월, 화, 수, 목, 금을 보내며 자신의 월급이 오르기를 바란다면 보이지 않는 기업의 이윤을 도둑질한 꼴이 된다. 업무성과는 저조하면서 월급을 기다리는 것은 남의 지갑을 탐하는 것과 크게 다를 바 없다.

재료의 적용은 디자인을 현실화로 재현하는 중요한 항목이다. 그런데 많은 디자이너들은 전화로 재료를 의뢰한다. 책상에 앉아서 기다린다. 가져다주는 협력업체의 재료공급에 따라 한정적인 선택을 한다. 또는 카탈로그에서 고르는 것으로 마무리하기도 한다. 상상만으로 실제 규모와 느낌을 가늠할 수 있는 신의 두뇌를 가지기라도 한 것일까? 귀찮게 움직이지 않아도 되는 일인 것을 왜 힘들게 할까 하면 콧방귀를 뀌는 선임디자이너들이 아주 많다. 디자이너들이 시장 조사를 위해 나가려 하면, 바람이나 쐬고 오는 개념을 주입한다. 일종의 업무 일탈 같은 현상으로 활용된다. 실제로 외출하듯 맛있는 간식 또는 여유로운 차 한잔을 즐기며 하루를 보내는 디자이너들도 보았다. 이러한 기회를 은근히 기다리기도 한다. 핑계 대고 친구를 만나거나 개인적인 볼일에 더 많은 시간을 할애하기도 한다. 잠시 짬을 내어 시장조사를 마치고 마치 힘든 외근을 한 듯 둘러대기도 한다. 물론 발에 땀이 차고 종아리 아프게 열심히 발로 뛰며 힘들게 조사하고 항목별로 목이 타도록 질문하고 살펴보는 정직한 디자이너들도 있다. 한 10%쯤 될까 싶다. 나머지 90%의 안일한 모습을 가진 디자이너들을 위한 말이다. 전문가이기엔 턱없이 부족한 태도이다. 재료의 이해 없이 가져오는 일부 재료도입이 무슨 디자인의 가치를 만들어내고 있는 것인지 의문이다. 어떤 것을 적용하여 가장 디자인 개념에 잘 어울림을 가질지에 대한 고민 없이 좋은 디자인이 될 것이란 생각을 가지고 있는 것은 설마 아니겠지. 디자이너는 책상에 오랫동안 컴퓨터작업을 하는 것에 박수쳐주지 않는다. 열심히 하는 척보다 잘하고자 진심으로 우러나오는 열정이 필요하다.

국내 및 국외 출장을 다녀오면 제대로 된 보고서조차 제출되는 사례가 많지 않다. 관광객 모드인 모습이 담겨서 외국 도시의 이미지 기억이 업무보다 더 크게 차지한다. 자신이 비용을 들이지 않고 여행을 다녀온 것으로 인식하는 것이다. 배우자를 동행하거나 친구와 일정을 잡기도 하는 경우를 허다하게 볼 수 있다.

열정이 있기까지 기업과 개인 둘 다 책임이 있다. 가능성을 가진 미래가 있고 조직력이 강화되어 책임감이 수반된 업무가 주어진다면 집중도가 높아지며 자신만의 계획성을 가지고 단계적 업무진행이 이루어질 것이다. 여기에 더불어 흥미유발 및 즐거움을 가질 수 있는 업무이면 금상첨화겠지만 모든 일이 즐거울 수만은 없다. 또한 성실히 좋은 결과로 이끈 업무에 대한 작은 성과금의 제공은 더욱 열정을 가지는 데 탄탄한 활력소가 되기도 한다. 기업이 주는 기회를 자신의 성장 발판과 보람을 가질 수 있는 결과로 이끄는 것은 온전히 자신의 몫이다. 열정도 상호 간의 신뢰를 바탕으로 이루어진다. 믿고 정직한 모습의 든든한 유대관계에서 역량을 최대한 발휘할 것이다.

구글 '에릭 슈미트' 회장의 보스턴대 졸업 학생들에게 연설한 내용 중[5] 기술을 지배하는 것은 '휴머니즘'과 '기업가 정신'이라고 말했다. 또한 "인생은 반짝이는 모니터 속에서 살아지는 것이 아니고, (소셜미디어의)상태'를 업데이트하는 일의 연속도 아니며, '친구'로 등록된 이들의 숫자에 있지도 않다"며 "인생은 당신이 누구를 사랑하고 어떻게 살아야 하는지, 누구와 여행을 하는지에 달려 있는 것"이라고 말했다. 더불어 혁신과 실패에 따른 두려움 없이 도전하기를 권했다.

자신의 존재가치와 무엇을 위해 이 자리에 있으며 무얼 향하고 있는지를 숙고하게 하는 의미와 자신의 능력을 발휘하는 데 아낌없는 열정을 쏟기를 조언하는 것으로 읽힌다. 디자인은 인간을 위한 작업이다. 직접적인 사람과의 교감이 우선시되어야 하며 합리적인 체계성을 이끌어야 한다. 몰두하며 골몰히 노력하는 집중력조차 다스릴 수 없는 자제력 상실과 빠른 시간 성공만을 상상하는 조바심은 절대

---

5) 2012.5.22. 조선일보.

열정을 가진 자라고 말할 수 없다. 언젠가 학부생들 대상으로 '디자인 창업'이라는 주제로 특강을 한 적이 있다. 강의 중 학생들에게 성공의 기준이 무엇일까를 질문했다. 대부분 '돈' 그리고 '든든한 인맥'이라 했고 상당수 동의했다. 그러면 '성공'은 언제 하는 게 좋은 건가라는 질문에 서슴지 않고 답을 주었다. '28살', '30살', '35살' 정도에 성공의 의미가 크다고 했다. 현재 학습하며 전공을 배우는 많은 학생들로부터 열정은 힘든 것이고 노력은 귀찮은 것으로 전해 들었다. 사회가 대가에 인색하여 열심히 할 필요가 없다는 의견도 있었다. 힘든 특강을 이룬 시간이었다.

애정을 가지고 열중하는 자세는 자신을 존중하는 자세에서 시작된다. 음주가무를 자주 즐기거나 좋아하는 취미에만 집중하고 마냥 잠으로 자신을 쉬게만 하고 싶은 사람에게는 긍정적인 미래는 주어지기 힘들다. 게으른 생활에서 벗어나지 못한다면 디자인이 적성에 맞지 않을 수 있다. 빠르게 변화하는 문화를 습득하고 사용자를 잘 캐치하여 재치 있는 아이디어를 뽐기에도 시간은 부족하다. 또한 생각한 아이디어를 표현하고 다듬는 데 하루 24시간은 야속하기만 하다. 몰두하는 생각을 통해 작업은 발전을 이루게 되고 발전은 자신을 한 단계 성장하게 한다. 성장과정에서 얻는 쾌감은 존재가치를 느끼게 되고 자신의 전문성을 강화시킨다. 전문성 강화는 자신의 능력을 스스로 인정함과 동시에 여러 곳에서 스카우트 제의 및 의뢰로 이어진다. 단, 주의할 것은 나만 보는 직진형이다. 즐거움을 나누고 대화를 가지며 응원하는 사랑하는 사람들과의 교감을 잊지 말아야 할 것이다. 올바른 열정이 행복으로 이어지기 위해 독단형은 위험하다. 디자인은 혼자 하는 작업이 아니다. 사랑하는 사람을 행복하게 할 수 없다면 타인을 만족시키기 어렵다. 넉넉하고 포근한 열정으로 사람을 위한 디자인 작업에 임하기를 바란다.

복사판인 한국 실정

짝퉁의 지속성은 디자인 분야를 악화시키는 현상이다.

'새로운 공간이 도쿄에 생겨나면 비행기를 타고 출장을 다녀온다'라는 말은 빈번하게 들려오는 이야기이다. 그리고 '서울에 도쿄와 거의 흡사한 공간이 금세 생성된다'로 이 이야기는 이어진다. 도쿄는 가장 빠르게 볼 수 있고 문화의 변화가 먼저 일어나는 지역특성을 가진 장소이기 때문에 디자이너들에게 지속적인 정보 제공 장소라 할 수 있다. 무어라 변명조차 어려운 난감한 소문이다. 실제 일어났던 일화이기도 하였다. 아이러니하게도 그렇게 복사된 공간은 인기가 높은 문화코드로 나타난다. 하나의 문화를 집약하는 잡지 같은 매스컴에서 타 문화의 복사본을 한층 띄워주기도 한다.

선진국의 두각을 나타내는 디자인 공간들은 서울 및 신도시에서 조합된 결과물로 재탄생되기 일쑤이다. 얼굴을 찌푸리게 하는 현상이지만, 타 전공자분들 및 일반인들은 구분이 되지 않는 신선한 시각물에 관심을 가지며 좋은 호응을 불러일으킨다. 긍정적인 측면으로는 해외 디자인을 접하기 어려운 분들에게 쉽게 접하도록 옮겨놓은 현상으로 해석될 수 있으며 부정적으로 일축하자면 일명 '짝퉁' 디자인을 한 것으로 볼 수 있다. 어떤 측면으로 논할 수 있는지는 각자의 몫이다. 단, 자국적인 창의성 결여 및 도용된 디자인 작업물에 대한 자책이 필요하다는 것을 짚고 싶다.

신입 또는 인턴, 실습과정 등에 참여된 인원들은 대부분 잔심부름, 복사, 스캔, 파일 정리 등의 단순하고 시간소요가 많은 귀찮은 작업들을 행하게 된다. 이러한 소소한 일부터 배워가는 과정이라 할 수 있다. 물론, 모든 기업이 그러하다는 것이 아니라는 것을 전제로 한다. 가장 말랑말랑한 사고로 열의와 호기심 및 기대로 찬 대상들에게 기계적인 반복업무로부터 훈련이 이루어지는 것이다. 이러한 본보기는 계속 순환을 이루고 있다. 해외 실내디자인 기업에서는 아이디어를 쏟고 경험을 가져 기업의 비전을 보여주고 신선한 아이디어를 얻는 현명한 인턴시기를 갖도록 한다. 기업에 대한 미래성과 자신에게 자신감을 가지는 결과를 얻게 되는 것이다.

이러한 반복체계 업무 시작은 모든 일에도 연결된다. 프로젝트를 수주받으면, 아이디어 논의에 주를 이루며 방향성을 찾기보다는 여러 잡지 및 도서를 통한 포스트잇 부착이 우선적이다. 주어진 공간에 적절히 어울리는 이미지 선택이 먼저 이루어진다는 것이다. 막내 직원은 열심히 이미지 스캔을 또는 다운로드해 정리를 하고 상사는 이미지 해석을 하며 그럴싸한 제안서 방향을 잡아간다. 물론 이미지 해석은 주관적이 크다. 다른 나라 어휘로 되어 있는 내용을 정확히 해석하는 디자이너가 극소수에 달하며 디자인 의도를 제대로 파악하지 못한 채 이미지를 통한 재해석을 한다는 관점을 보기 때문이다.

여기서 잠깐 언어사용에 대하여 짚고 넘어가야겠다. 디자인은 서양으로부터 체계화되어 외래어로 발전된 학문이다. 따라서 사용되는 언어는 외래어를 그대로 한글 표기하는 것들이 많다. 그럼에도 불구하고 우리나라 디자인 학도들은 어학에 매우 취약하다. 전공을 습득하는 과정에서 본질적인 어휘습득이 이루어지지 못하고 있고 영어에 대한 활용이 거의 전무하기 때문이다. 이러한 까닭에 영어 사용의 중요성이 부각되지 못하고 실전에서 해외자료는 그림책 보듯 검토하는 것에서 더 이상 발전이 어렵다. 또한 해외 포털사이트 검색이 아니더라도 대부분 그림 훑기식의 리서치가 되기도 한다. 트렌드를 읽기에 준비되지 못한 것이다. 물론 최근에는 많은 유학파 및 인식이 빠른 부지런한 국내파들에게서 뛰어난 언어활용이 가능한 디자이너들이 생겨나고 있다. 문제는 이들의 보수가 낮고 활용가치에 대한 기대치가 높아 타 직원보다 일의 정도가 높다. 그러다 보니 기업과 충돌하는 현상들 때문에 개인사업 또는 해외취업으로 발길을 돌리는 현상이 빈번하게 이루어지게 된다. 자국적인 인재를 활용하지 못하는 답답한 실정이다. 무조건 유창한 외국어 사용을 권장하는 것은 아니다. 의학을 공부하면서 전문 해외서적을 반드시 필독해야 하는 것처럼 명확한 지식을 가져오기 위한 노력을 하였는지는 자문하자는 것이다. 수많은 해외서적을 접하면서 공간이미지를 그림으로 보기 전에 디자인의 방향을 어떻게 풀었는지 궁금해하지 않는다는 것은 납득하기 어려운 전문가 자세이다.

다시 본 내용으로 돌아와보면, 쳇바퀴 돌듯 창의적인 논의를 제대로 이루어보지 못한 디자인 방향을 잃은 경력자들로부터 인계받은 복사활용법은 지속성을 유지하고 있다. 인재활용이 이루어지지 않고 열악한 환경 탓에 사람에 대한 투자 없이 악순환을 거듭하게 되는 것이다. 혁신을 외치지만 현실적인 문제에 부딪혀 적극적으로 행하지 못하는 것이다.

경력자들은 이미 익숙해진 업무 흐름에 적응하기 어려운 방법들을 수용하기 불편해하고 보수적인 그들은 압력적인 명령으로 자신의 존재를 연명하게 된다. 개념과 창의적 방법을 풀어가는 데 익숙하지 않다 보니 선임들조차 이해되는 범위 내에서 유사이미지를 요청하게 된다. 경력자는 잘 쌓인 노하우로 실수를 줄이는 방법을 전달해줄 수 있고, 신입들이 무분별하게 쏟아내는 발랄한 아이디어를 이끌어 정리해주는 역할로 모범적인 선배 입장이 되어야 할 것이다. 각자의 세대 간의 대화를 중용하고 서로에게 배우는 열린사고가 중요하다고 본다.

Tips

디자이너끼리 문화토론, 이미지게임 같은 창의적 발상을 위한 대화시간을 가지기를 바란다. 사내에서 동호회처럼 규칙적인 만남도 좋다. 기사화되는 이슈부터 트렌드에 관한 해석 등 자유로운 디자인 대화를 가져보면 자신의 뇌는 좋은 운동을 하게 되어 아이디어를 이끌기에 어느새 훈련이 되어갈 것이다.

여행을 즐기고 사진 또는 사물의 관찰을 일상화하는 습관을 가져보는 것도 추천한다. 여행에서 발견한 경험은 자신의 디자인의 소스가 되고, 사물에서 가져온 새로운 시각은 조형적 모티브로 활용이 될 것이다.

11

거지심보, 도둑심보

앞서 이미 언급된 내용에도 있지만, 전문적인 습득을 통한 디자인을 공짜로 치부하는 것도 이해하기 어려운 현상이건만, 시공에서의 생각지 못한 '지급 문화'가 말문을 막히게 한다. 무슨 말인가 하면, 아파트 리노베이션 공사를 진행하면 관리소 및 경비 그리고 청소부 아주머니 등을 포함하여 관계자분들이 맡겨놓은 듯이 뒷돈을 요구한다는 것이다. 입주하실 거주자분은 공사를 한다는 접수를 이루며 이에 따른 비용을 아파트 관리소에 지불하게 되어 있다. 이는 복도 및 입구 쪽 추가 발생하는 먼지 등을 청소할 수 있는 여지와 공사 시 문의를 이루는 관리소 직원분들 업무를 유도하는 행위가 있을 수 있다는 전제하에 입주자분이 선지급하는 부분이다. 최소 30만 원 이상을 지불하게 되어 있다. 그럼에도 불구하고, 직접적인 말을 건네신다. "공사하면 돈 많이 벌잖아요? 청소아주머니 드리게 돈 좀 주세요. 그리고 우리 것도 주세요", 청소부 아주머니께 직접 드리겠다고 하였더니, 직접 드리지 말고 경비아저씨 본인을 통해서 주겠다며 강조까지 하면서 여러 차례 한다. 설계비에 대한 비용도 청구 못하는 우리나라 실정에, 시공하면 '돈 주세요' 하는 거지심보까지 챙겨 주어야 하는 것이다. 정치권 및 기업에 관하여 비리가 어쩌고 하는 이 시점에 소소한 뒷돈을 대놓고 달라는 건 어떻게 이해할 수 있을까? CCTV가 보이지 않는 곳에 데려가서 봉투를 건네도록 유도한다. 한번은 적게 넣었다면서 2배로 채워 다시 가져오라는 주문도 있었다. 아는 사람은 알겠지만, 실제 공사는 견적을 낸 비용보다 늘 추가되는 사항이 많다. 또한 현장상태에 따라 디자인의 의도를 좀 더 채워 넣다 보면 이익 부분은 감소되는 경우가 허다하다. 남는 장사하지 않느냐고 물는다면, 남지 않으면 장사 왜 하느냐고 되묻고 싶다. 일은 돈을 벌기 위해 하는 행위이다. 대가성 업무을 수행하는 것이다. 봉사활동 및 취미활동이 아니기 때문이다. 전문직업이다. 남는 수치가 기업들마다 다르긴 하겠지만, 인테리어 공사하는 디자인 전공자들은 대부분 경영 관련하여 그렇게 민첩하지 못하다. 대부분 재료 관련하여 인터넷에 금액이 노출되어 있는 데다가 사람이 하는 일이기 때문에 사기성으로 장사하는 작업을 하기도 어렵다. 결론적으로, 월급 정도만 순수하게 남기면 다행이다 싶다. 회사 유지관리 비용 측면은 고려하기 힘들다.

일전에는 아파트 반장이라는 분을 대하기가 참으로 어려웠다. 요즘은 나아져서 조금 수월한 편이고 아파트 분위기 및 반장 역할을 하시는 대상에 따라 다르기는 하지만, 반장님의 허락 없이 공사를 진행하기 어려울 때가 있었다. 작은 선물로는 요동이 없고, 이미 손발을 맞춘 상가 쪽 인테리어 업체와의 거래로 인하여 공사불가를 통보하기 때문이다. '디자인 작업이라는 것이 뒷거래가 우선이구나'라는 생각이 들 정도로 허탈했던 기억이 있다. 남들이 하면 혀를 차고 나쁘다고 하면서 정작 본인들이 행하고 있는 것이다. 금액이 작다고 비도덕적인 것이 바뀌는 것은 아니다. 바늘도둑이 소도둑 된다는 옛 말처럼, 작게 받았던 돈이 차츰 돈같이 여겨지지 않아 조금씩 늘려가는 것이다. 적다고 2배로 가져와 달라는 것을 보면 알 수 있다. 당연한 듯 고마움은 전혀 없다.

돈이라는 것은 민주주의국가에서는 대가에 따른 비용을 이루는 것이 아닌가? 이미 받은 돈에 또 떡고물값을 달라 하는 것은 이류급 문화로 여겨진다. 아직 선진화 수준은 아닌가 보다.

더 기가 막힌 것은, 시공을 하기 위한 철거하는 날에 벌어진다. 이제는 거지에서 도둑질이 이루어진다. 관리소 직원이라는 명분하에 내 집 들어오듯 들어와 살피며 돈 될 만한 물건들은 다 집어간다. 주인의 허락도 없이 '버려질 거 아니냐'라며 으름장을 놓는다. 철거 시 물건은 공사하는 시공사의 몫이다. 혹여 동파이프 같은 철거물이 나오면 집주인에게 그만큼 되돌려주게 되어 있다. 사용 여부를 묻고 처리하게 된다. 그러고 나면 시공사가 철거물들의 주인이 되는 것인데, 허락 없이 고물상에 팔게 되면 적은 금액이라도 나올 만한 것들 모두 챙겨간다.

도둑이다. 철거하는 작업진행에도 무척 방해가 된다. 철거하는 동안 몇 차례를 공간을 계속 살핀다. 왜 그러는 걸까? 자기 집에 허락 없이 들어와 물건을 들고 나가는 것이 도둑 아닌가? 잡을 수 없는 법적인 신고를 할 수 없는 경우긴 하지만, 지나치다. 그리고 계속적으로 듣기 불편한 말과 표정으로 압도하는 노력이 느껴진다. 그래야 더 많은 돈을 받을 수 있을 것이라는 것이다.

CCTV에 찍히지 않으려고 이동하며 돈을 받는 것을 보면 본인도 비도덕적이라는 것을 알고 있다는 것이다. 받고 난 후에 건네진 말은, "앞으로 공사에 문제없도록 조치하겠다"였다. 씁쓸하다. 큰돈은 아니지만, 이러한 행위가 일어나고 있다는 점이 불편하다. 부탁하고, 도와주고, 고마운 관계에서 소정의 표현은 있을 수 있다. 많은 대단지 규모의 주거단지(아파트 및 빌라) 근처 인테리어 시공업체로부터 일부 금전적인 거래가 있다 보니 공사하면 늘 받던 대로 받아야 하는 습관적인 행위로 변질된 것 같다.

뒷거래가 관행처럼 이루어진다면, 지불된 돈은 고스란히 고객이 안고 갈 짐이 된다. 이익금이 소실되는 것에 기업이 고객에게 청구하는 것은 당연한 것 아닐까? 공사의 원활함을 위해 달라는 '돈'을 '서비스'라고 여기기엔 무리가 있다고 생각한다.

비일비재한 이런 현실에 주변 많은 디자이너들은 아파트 공사는 하지 않는다고 한다. 아파트 내에 있는 상가 시공업체가 저가형 시공을 이루는 턱에 견적가에 맞지도 않을 뿐 아니라 이미 관리소와 내부적 관계를 이루는 것에 심리적인 감정싸움으로 힘겨운 에너지 소모를 하고 싶지 않기 때문이다. 이익적인 측면과 심리적인 측면에서 모두 긍정적인 결과를 가지기 어려운 현장으로 대부분 판단하고 있다. 그러다 보니 좋은 재료, 좋은 디자인을 많은 거주자들은 느끼기 어려워지고 집 공사라는 것이 다 똑같은 것으로 인식하거나 잡지에 나오는 사진 컷으로만 이해하고 있는 경향이 크다. 이러한 현상을 결국 공간디자인의 발전을 쇠퇴하는 현상으로 주거공간의 변화와 성장이 어려워진다는 것이다.

무엇이 정말 현명한 행동인지는 각자가 판단할 일이다.

Tips

아파트에서 관행처럼 이루어지는 뒷거래는 시공사를 비롯한 거주자에게도 알려지게 되는 사실이다. 관리소에 대한 신뢰성을 잃어가고 아파트의 이미지도 실추되는 것이므로 각 관리소에서는 불편을 초래하거나 업무에 따른 추가적인 발생에 대하여 '공식적인 절차'에 따른 지불형태를 명확히 취하였으면 한다. 지불한 이후에 불편한 거래가 이루어지는 후진국 같은 문화를 이어가지 않도록 정직한 행동을 보여주길 바란다.

시공업체는 공사에 따른 먼지 및 청소상태를 잘 유지할 수 있도록 마무리에 소홀히 하지 말아야 할 것이다.

12

해외 디자이너들과의 차등

　자신의 이름이 브랜드로 지칭되는 슈퍼급 해외 디자이너들을 조우하는 일은 즐거운 일일 것이다.

　그들이 만든 무언가로 문화와 인식이 변하고 사람들에게 새로운 경험을 하게 했기에 무엇이 다른지를 얻고 싶을 것이다. 오랜 시간 국내의 굵직한 프로젝트와 차별화되어 드러난 디자인은 대부분 해외에서 기획을 이루고 시공을 위한 실시설계부터 국내에서 행하여지고 있다. 일부 정해진 듯한 상업공간에 노출된 국내의 몇 디자인들을 제하고는 개념적 접근의 공간 컨설팅은 해외 디자이너에 의해 이루어졌다고 해도 과언이 아니다. 선진국의 발전된 문화에서 끌어온 아이디어를 국내에 담아 발전을 꾀하는 방법이 현재의 우리 문화를 만들고 있다. 문제는 이러는 동안 국내에서 학습된 디자이너들이 제대로 서 있을 곳이 마련되지 못했다는 것이다. 전문가 양성이라는 대학교육을 거치고도 누군가가 디자인하여 가져온 내용에 시공을 위한 변환작업 전문가가 되어가고 있다는 점이다. 국내에서 교육된 많은 디자이너들은 유사한 프로세스를 거치고 비슷한 환경, 체험과 생각을 가지고 있기에 두드러지게 창의성이 나타나지 않아 선진국에서 교육된 디자이너들을 좀 더 선호하는 편인 듯하다. 어느 정도에서는 인정하는 바이지만, 대한민국의 문화를 가장 잘 아는 사람은 한국인일 것이다. 독특함과 차별화된 발상으로 해석하는 해외 디자이너와는 구분이 될 수밖에 없다. 재해석된 한국의 이미지는 해외 디자이너의 인식과 결합되면서 제3의 문화가 만들어질 수 있기 때문이다. 아니, 늘 해오던 해외 디자이너의 일부만 그대로 가져와도 다르게 보이기 때문이다.

두드러지지 않아도 우리 정서에 맞는 디자인을 가장 잘할 수 있는 디자이너는 한국인 중에 있을 것이라 생각한다. 진지하게 생각해보고 주변을 둘러보자. 우리의 건축문화와 공간이 얼마나 조화로운지.

하루는 산에 올라 정상에 서서 서울을 내려다보았다. 힘들게 올라온 길이 허무하였다. 마구잡이식의 건물과 색채 그리고 조형들이 아침 기분을 망가뜨렸다. 몽마르트르 언덕에 올라 파리의 모습에 감탄한 것만큼은 기대하지 않았지만, 망가진 도시의 모습에 도대체 건축가와 디자이너는 무엇을 하고 있는가를 되뇌게 하였다.

디자이너는 힘이 없다. 최소한 우리나라에서는 말이다. 시키는 대로 그림 작업을 하는 실정이다.

해외 디자이너와의 업무진행과 비교를 해보자면, 해외 디자이너에게 계약 조건을 철저히 이행한다. 또한 합의된 계약내용에 맞춰 업무가 이루어지며 디자이너의 의사를 존중해주고 디자인을 위한 일정을 배려해준다. 혹여 디자인을 이끌어내는 데 방해를 줄까 말을 아끼기도 한다. 외국어로 말하는 것만으로도 존중 자체를 대변한다.

그럼 국내에서는 어떠한가? 계약을 이루기 전에 가벼운 작업을 우선 주문한다. 그것이 이루어져야 일의 성의표현으로 여기기 때문이다. 또는 '갑'이 내뿜는 기강 같은 것이라 볼 수 있다. 계약서는 대부분 '갑'의 주도하에 작성된다. 계약이 이루어지고 나서는 계약 외의 소소한 일들이 덤으로 주어진다. 큰 문제는 가장 중요한 디자인 작업이다. 오늘 미팅하면 내일 수정된 것을 검토하자는 주문, 금요일 오후에 만나서 논의된 내용을 월요일 아침에 보자는 전달사항, 수시로 요청한 내용들로 인하여 업무가 꼬여 집중을 흩트려 놓아 일의 성과가 제대로 이루어지기 어려운 지경에 도달한다. 디자인 업무를 쪼아야 빠르게 무언가 나온다는 생각을 하는 듯하다. 이러다 보니, 맑은 정신으로 아이디어 발상은 이미 물 건너간 상태이다. 무질서 속에 디자이너는 이리저리 끌려다니다가 결론에 도달한다. 물론 좋은 결과는 이룰 수 없다. 짜깁기 디자인의 결론에 이른 것이다.

그러고 나서 '왜 한국 디자이너는 이런 거야?'라는 말이 나온다. 기회, 존중, 배려 없이 밤낮 쉴 틈 없이 작업을 이루어 지친 국내 디자이너는 지쳐만 간다. 디자인 업무를 모르면 디자이너에게 배우는 작은 겸손의 자세가 '갑'이라는 대상에게도 필요하다. 그래야 좋은 디자인을 이끌 수 있다.

반면, 어떤 시행사는 '잡지에 소개된 여러 국내 디자이너들에게 기회를 주어봤는데 제대로 해준 디자이너를 못 만나봤다. 자만심이 가득 차 있거나 디자인의 프로세스가 맞지 않고 3D만 화려한 제안서는 모두 사용할 가치가 없었다면서 쓸모가 없다'고 했다. 그래서 해외 디자이너를 찾는 이유가 생긴 것 아니겠냐고 꼬집었다. 디자이너가 무엇을 작업하는지 해외 디자이너는 명확히 알고 있다는 것이다. 자숙해야 할 중요한 언급으로 기억된다.

한편, 한 고객으로부터 디자이너 대우를 적절히 받은 적이 있다. 매우 감사한 일이었다. 고객 본인의 의견을 관철시키기 위한 여러 논의시간을 충분히 가지고 다양한 각도의 의견을 수집하였다. 디자이너가 잘 풀어주도록 하기 위해 명확한 개념을 전달하였고, 발상과 전달을 위한 벤치마킹에도 적극적인 추진력을 이루었다. 덕분에 어떤 디자인이 필요한지와 디자인 가치와 의도를 잡는 데 큰 기준점을 설정할 수 있었다. 당당한 고객의 모습이 멋있을 수 있는 데는 디자인의 중요성을 인식하고 디자이너를 존중 및 배려하는 것으로부터 나타난다. 혹여 불만사항이 발생하면, 타당한 이유로부터 납득이 되는 것으로 디자이너의 실수를 정확히 짚어내기도 한다. 또 다른 고객은 디자이너의 경험과 포트폴리오를 본 후 작업형태의 신뢰도를 기반으로 자신의 요구사항을 정확한 리스트로 전달하고 다른 모든 공간을 다루는 데는 디자이너의 결정에 따르는 사례이다. 고객의 요구내용을 주요사항으로 꼽고 가장 합리적인 공간으로 설계하여 2차례 협의를 이루었다. 결과는 큰 만족으로 나타났다. 덤으로 여겨지는 불필요한 요소가 요청되지 않았고 기능과 시각적인 측면의 균형을 이루었기 때문이다. 전문가에게 의뢰하여 걱정 없이 완료된 것에 고마움을 표하여 주어 더욱 뜻깊은 작업으로 기억된다. 물론 그러한 분들은 종종 안부인사와 소소한 대화를 나누며 꾸준히 관계를 이어가고 있다.

국내 디자이너와 해외 디자이너의 작업결과는 많이 다르게 나타날 수 있다. 문화와 교육방식이 다르고 생각의 진행도 다르기 때문이다. 무조건적인 해외 디자인의 기대치에 불필요한 낭비와 디자인 방향성이 틀어지지 않도록 고객 스스로 중심을 가져야 할 것이다.

Tips

디자이너는 현재 자신이 성과를 이루어야 할 주된 업무에 대하여 강한 주장과 역할을 표현할 수 있어야 한다. 합당한 업무 프로세스와 일정에 대한 기준을 만들어 시각화하고 가장 좋은 결과를 위한 자신의 생각을 조리 있게 내비치기를 바란다. 고객의 입장에서는 좋은 성과를 위한 디자이너 영입을 이룬 것이므로 디자인 전공자에 대한 신뢰를 보여줄 수 있도록 명료한 방향을 가졌으면 한다.

디자인 업무에 대하여 잘 모르는 고객은 일임한 업무에 대하여 신뢰를 가지고 디자이너를 바라보기를 바란다. 다그치고 일정을 타이트하게 하며 생각나는 모든 요구사항을 그때그때 전달하는 방식은 좋은 결과를 절대 얻을 수 없기 때문이다. 또한 정확한 업무 일정을 합리적으로 설정하고 이에 따라 각자의 역할에 책임을 가지고 진행하는 방법을 취하기를 바란다.

13

한국 디자이너들의 한숨

낮은 연봉, 개인생활 포기, 야근의 생활화, 기업복지 결여 등등은 디자이너 분야에 내리박힌 고질적 업무환경이다. 왜 이럴까? 다른 학과보다 배에 가까운 등록금에 실습비의 과중 그리고 타 전공자보다 더한 밤샘 작업의 일상화 등 노력한 대가에 비해 너무나 비참한 현실이다. 기업으로부터 또 고객으로부터도 존중받지 못하는 대우에 더 속상한 상태를 유지하고 있다.

대한민국에서는 디자인 분야가 대기업 체계를 갖추기 어려운 프로세스와 한정적인 업무 및 창조산업에 근접한 디자인의 작업을 배려한 '갑'이 존재하지 않는 이유가 우선적일 것이다. 이러한 배경에는 현재까지 너무 친절한 '시간절약과 금전절약, 고객만족 서비스'에 치중된 현상에서 대한민국 고객분들은 빠른 설계와 저렴한 시공의 게임에 우승자가 되어야 만족하는 습관성을 제공해준 오랜 시간 지속된 수고에 이유가 담겨 있다.

　선진국의 선두에 자리 잡은 디자인 관련 업체에서는 근무시간에 타당한 업무체계도를 갖추고 있으며 업무자는 자신에게 주어진 시간 내 최대 성과를 가지기 위한 계획에 따라 자신을 컨트롤한다. 야근할 경우 타당한 근거와 업무내용이 수용되어야 한다. 물론 제한된 업무 영역 및 시간에 비례한 가능성을 둔 업무량이 주어진다. 성과와 능력을 반영하며 이루지 못할 경우 여러 번의 재도전 및 변명은 허용되지 않는다. 철저한 능력에 따른 성과제 및 사회성이 평가 대상의 우선순위가 된다. 이러한 업무체계는 고객에게 수준 높은 결과물을 도출하게 하고 의뢰한 고객은 차별화된 전문성을 존중하게 된다. 이는 디자인의 가치를 높이며 전문가의 자질을 발전시키어 기업과 개인의 이윤뿐만 아니라 전문가로의 위상을 높일 수 있다. 결국 기업이 고객에게 존중받도록 만드는 초기작업을 갖추어야 한다는 것이다.

　빠른 시간 내 이루어야 하는 재촉되는 작업, 밤샘과 반복수정, 무한정 제안 등의 악순환에 지쳐가는 디자이너들에게 아무렇지도 않은 이야기는 좌절과 상처로 의욕마저 잃게 한다. "디자인은 외국에 맡겨야지. 그래야 뭔가 달라. 한국 디자이너들은 생각이 다 거기서 거기에다가 실력이 안 돼. 더구나 외국 유명 디자이너의 작품이라면 반응이 좋잖아"라는 이야기가 전해지면 위축됨과 동시에 악에 받치는 분한 마음이 든다. 그래도 변화는 없다. 왜? 경력자들이 이제껏 해온 프로세스가 도면 콜라주 및 자료 활용화로 인한 응용력이 반영된 빠른 설계도 도출로 창의성 있는 작업의 방법을 터득하지 못 하였기에 진행이 불가능하다.

　디자이너로서의 가치를 받을 기회가 거의 없다. 이 이야기는 전공자로서 전문가의 입증을 제대로 해볼 기회가 많지 않다고 바꾸어 이야기할 수 있다. 주로 시간과 일정에 쫓겨 유사한 기존 사례 변형을 이루는 반복적 작업을 하게 된다.

아이디어를 발생시키는 작업은 손뼉 치면 반짝하고 떠오르는 것이 아니다. 현장 방문하면 동화 속을 연상하듯 머릿속에 마구마구 상상의 나래를 펴는 초능력자도 아니다.

원초적인 중요한 문제가 교육이다. 변화하는 시대성을 반영하는 것 이상으로 지향성을 내포해야 하고 다문화 형성을 비롯한 글로벌의 경계가 무너지는 자율성이 필요한 학문이다. 한 가지의 키워드만으로 수백 가지 디자인이 표출되기도 한다. 고집스러운 전통성으로부터 융통성이 결여된 점이 안타깝다. 진보적인 교육으로 실무와 이론의 중첩적인 체제 도입이 필요함에도 여전히 오랜 시간 변함없이 짜인 틀에 준한 교수법과 학점관리에 우선시되는 현상을 보고 있으면 무엇을 위한 젊은 시간의 투자일까 생각하게 된다. 학점에 곤두선 학생들은 A를 받는 방법을 알려주면 그에 맞추겠다고 하기도 한다. 자신을 예쁘게 봐주길 바라고 학점을 얻기에 좋은 과목을 선택한다. 역시 취업경쟁으로부터 기업이 추구하는 성적표제출 때문일까 싶기도 한 사회적 현상에 무엇이 옳고 그른지 판단이 흐릿해진다. 최근 스펙을 보지 않고 직무능력평가를 통한 방법도 이슈가 되기는 하지만, 교육과 다른 실무체계를 프로그램을 통해 재학습하는 것으로 대학 교육의 질적 논란이 예상되기도 한다.

학생들도 잘 알고 있다. 다양한 학교 학생들과 많은 대화를 통해 얻은 요지는 교육개선과 실용적 측면의 교수역량이었다. 학점관리 이면에 이미 평가되어 버린 학교의 수준을 논하고 있었다. 디자인학은 실용학문임을 강조해도 부족함이 없다. 바로 창업을 할 수 있는 독립적인 작업이 가능한 분야이므로 실무 대처 능력을 대비하는 체계도 필요하다고 여겨진다. 대부분 4년간의 학부수업을 마치고 취업한 신입에게 기업은 처음부터 다시 학습을 도입한다. 기업에서의 학습에 따른 습득이 곧 능력이 되기도 한다. 실제로 많은 기업 CEO 또는 실무 팀장직급에서 토로하는 공통점은 '학부과정에서 무얼 배웠길래…… 이렇게 모를까?'를 약속한 것처럼 내뱉는다. 그러다 보니 자연스럽게 기술적으로 기본 습득 정도의 평가가 우선시된다. 컴퓨터 활용도가 1순위, 영어 및 외국어 사용이 2순위가 된다. 솔직히 학원에서 필요한 자신의 개발만 선택하여 배우면 되는 항목들이다. 지나친 비하적 발언으로 들릴 수도 있겠지만 놓친 교육의 중요점만 우선 짚으려 한다. 선진국처럼 기업과의 연계를 통해 보다 개선된 실무능력 준비를 보완하는 것도 고려해볼 수 있을 것 같다. 또한 미래 디자인 산업을 준비하는 선도적인 학습법 첨가가 필요해 보인다.

　당연히 휴일 없이 야근이 일상인 힘들기만 하고 인정받기 어려운 직업, 이직률 높고 월급이 적은 분야로 인식되는 것으로부터 부러움을 사는 전문직으로 상향조정되기까지 여러 측면에서 다수의 노력이 필요할 것 같다. 기업에서는 디자인학문의 존중성을 확보할 수 있는 방향성을 제시하고 교육은 창의적 발상과 더불어 실무와의 접목강화를 비롯한 디자이너의 인성교육을 우선적으로 살펴주었으면 한다. 실무자는 쌓아가는 경력만큼 개선된 모습을 볼 수 있는 선배 역할을 하기를 바란다. 디자인 학문이 결국은 진보를 위하고 불편한 점을 개선하는 작업인 것이거늘 이것을 취하고 있는 정작 우리들은 10년 전 모습과 별반 다를 것이 없는 교육과 대우를 받고 있다. 한숨이 절로 나오지 않을 수 없다.

2~3년 정도의 주임 직급 직원이 현 직장에서 상사인 실장 모습을 보면 자신의 미래가 그려진다면서 이 직종을 포기한 사례도 빈번하다. 결국 더 나은 모습으로 그들이 성장할 수 있도록 좋은 본보기가 되어야 할 선배 입장인 상사들조차 현실을 벗어나고 싶은 깊은 한숨에 빠져 있다. 워낙 적은 봉급이다 보니 무척 바쁨에도 불구하고 자녀에게 좋은 장난감 하나 사주기에 마음 졸이게 되고, 휴일 없는 야근을 일상처럼 지내다 보니 아이들 성장과정을 놓쳐 어떻게 커갔는지 미안하다며 울음을 터트린 지인분들도 보았다. 무엇을 위해 자신이 일하고 있는지를 대가를 통해서도 가정을 통해서도 성과에 관한 인정을 통해서도 느끼지 못하는 현실인 것이다. 물리적·정신적·신체적 상태가 모두 좋지 못한 상황에서 어떤 희망을 그릴 수 있을까? 더 이상은 이러한 상태가 되풀이되지 않았으면 하는 간절함이 있다. 한숨이 아닌 웃음이 지어지기를 희망한다.

14

전공성을 획득하기 위한 고된 훈련

디자이너는 드라마에 나오는 스타일 좋고 멋스러운 개성, 두드러진 괴짜면 되는 전문직이 아니다. 만능박사가 되어야 가능한 분야가 디자인이라 해도 과언이 아니다. 디자인에 접근하기 위한 기본적인 미적 감각을 위한 예능작업과 손의 감각을 갖춘 표현법만 지니면 되는 것도 아니다. 문화, 사회, 경제, 정치, 심리, 인문, 기술산업, 철학 등을 고루 겸비해야 가능한 직업이다. 질적으로 수준이 높은 디자이너는 이러한 정세를 두루두루 민감하게 캐치하고 담는다. 예를 들어, 종합병원을 설계하고자 하면, 치료하는 자(의사를 비롯한), 치료를 받는 자(환자를 포함한 검사대상자), 일반 관리 및 운영을 이루는 직원들 또한 환자를 방문하는 고객 등 사용자에 대한 명백한 움직임을 알아야 하고 각 치료에 사용되는 도구 등의 목적에 따른 사용법들을 이해해야 한다. 심리적인 측면이 크게 반영되는 것은 물론, 안전과 위생을 고려한 디자인을 접목해야 한다. 또한 복합적인 시스템을 쉽

게 이해할 수 있는 안내 및 정보가 두드러지는 그래픽 등 병원의 정
체성을 명확하게 두드러지도록 하는 가치적 디자인도 적용되어야
한다. 다시 말하면, 주 업무인 의료에 관한 지식, 환자의 심리를 고
려한 정신적 측면, 브랜드 아이덴티티에 관한 마케팅 측면, 기술적
으로 대입되는 도구의 정보 및 이해습득 등 시각적, 장식적 역할 이
외에도 굉장히 다양한 측면이 디자이너의 머릿속에 정돈되어야 가
장 최상의 아이디어가 반영될 수 있다. 이를 위해서 빠른 시간 내 습
득하고 부지런히 살피고 조사하여야 한다. 이것은 준비작업에 속한
다. 본론은 준비작업에 해당되는 지식들을 자신의 것으로 재나열하
고 분석한 이후에 본격적인 디자인 기획이 시작될 수 있다. 이 점에
서 철저한 계획성이 있어야 가능한 직업이라는 것을 다시 한 번 언
급하고 싶다.

의뢰인을 설득하기 위하여는 자신의 아이디어를 짧은 시간에 설
득할 수 있는 전달력이 중요하다. 호소력 있고 이해하기 쉬운 시각
적 자료와 적절한 어휘 사용 등의 커뮤니케이션 능력은 디자이너의
전문성을 한층 돋보이게 한다. 물론, 이 글을 읽는 독자들 중에, "흠,
어차피 인맥으로 결정 날 일들을 너무 어렵게 접근하는 군", 또는
"애써보았자, 실력적인 능력자보다 우선시하는 '무엇'이 있다는 것
을 잘 모르는 헛똑똑이들 같으니라고" 하는 말이 한 귀퉁이에서 들
려오는 듯하다. 여기서 편법에 속하는 '무엇'이라는 것은 건너뛰겠
다. 스스로 남이 가져갈 수 없는 지식과 능력을 갖추지 못하여 무능
력함에서 오는 배짱 두둑한 자신감만 가진 그들을 위해 작성하는 이
야기들이 아니기 때문이다. 그들은 마치 기름기 잔뜩 낀 불필요한
불룩한 배를 연상하게 한다. 건강히 잘 다듬어진 몸매를 갖추기 위

해서도 균형된 식단과 꾸준한 운동 등의 자신의 노력이 필요하듯, 준비된 자만이 자신의 실력을 발휘하게 한다는 메시지를 담고 싶을 뿐이다.

인테리어 분야가 계속 고전을 면치 못하는 까닭 중 가장 큰 몫은 각각의 개인에 있다고 본다. 발전을 꾀할 방법을 제시하지 못하고 현실의 암담함에 탓만 하고 있기 때문이다. 어려운 부분이긴 하지만 방법을 모색하여 뚫고 나가 나를 자신 있게 내보이고 이에 합당한 대가를 요청할 수 있도록 충분히 발전될 수 있는 좋은 결과물과 합리적인 개선안을 제시하여 보았는가. 야근과 시키는 일에 비효율적 업무에 한숨과 토로로 시간을 허비하고 있지는 않은지 생각해봐야 할 것이다.

이 험난한 전공을 선택한 수많은 디자이너들 중 이 직업에 매력을 느끼고 즐기는 디자이너들이 꽤 있다. 자신의 일상이 문화를 흡수하는 일이며, 트렌드를 느끼는 사회적 소통을 자연스럽게 이루어가고 예술, 문학, 여행, 운동 등의 취미라고 할 수 있는 여러 카테고리가 생활의 일부로 자연스럽게 작용하기 때문이다. 바쁜 시간을 체계적으로 활용할 수 있는 지혜가 생기고, 다양한 계층의 사람들과 유쾌한 정보를 공유하고 자유로운 사고체제를 통해 즐거운 상상놀이가 가능하기도 하다. 배려하는 마음과 타인을 이해하려는 폭이 경력이 쌓아질수록 커진다. 균형과 비례에 자신도 모르게 습관이 되고 감각의 발달이 꾸준히 지속되므로 두뇌활동도 좋아진다. 단, 이렇게까지 즐거운 문화인으로 존재하기까지 자신과의 싸움에서 방법을 찾을 때까지 엄청난 노력을 했을 것이다. 글을 보더라도 정독을 통해 정확한 정보를 수렴하려 하며, 남들보다 빠르고 타당한 분석결과를 도출하는 방식을 고민하게 된다. 야문 디자이너가 되기 위해 마치 진흙이 뭉쳐지고 구르면서 단단하고 커다란 돌덩이가 되는 것처럼 많은 노력과 고민을 거듭했을 것이다.

전공성을 제대로 획득한 후에 여유 있고 넉넉함이 있는 자신을 발견할 수 있을 것이다. 오랫동안 고된 시간 후 맛보는 아주 짧은 짜릿한 행복감을 위해 늘 반복하는 훈련을 할 수밖에 없는 매력적인 직업임을 알 수 있기를 바란다.

Tips

비주얼 디자이너가 될 생각을 버리길!

겉으로 번지르르한 디자이너가 되기보다는 내실 있는 자신만의 능력을 기르는 데 더 세심해지자. 누구를 만나고 어디를 다녀오고가 중요하지 않다. 유명한 '누구'를 만나면 무언가 재미있는 일이 생길 것 같은 헛바람을 내뿜지 말자. 그 '누구'도 '티'만 내고 싶어 하는 '척'하는 디자이너에게 정말 필요한 디자인 작업을 의뢰하지 않는다. 자신을 다스리고 힘든 과정을 겪은 후 얻는 기쁨을 가질 수 있도록 준비하자. 섬세한 지식을 갖추도록 자신을 훈련할 체크리스트를 설정하여 차곡차곡 쌓아가는 보람도 느껴보기를 바란다. 잘 훈련되어 자신감 있는 모습은 스스로 빛이 난다.

15

가능성을 가진 디자이너들

가능성을 가진 예비 디자이너를 비롯한 현직 디자이너들이 상당수 있다. 지켜보는 것만으로도 기분 좋은 성장을 하는 디자이너들이 있다. 우선 그들은 남 탓이 적다. 불만도 적다. 잘 갖추고 예뻐 보이는 사람들이 지나가면, '속은 비었을 거야. 성격은 나쁠 거야' 하면서 괜히 트집을 잡는 사람들과는 다르다.

툭하면 '오늘도 야근이야', '허윽, 주말도 나왔어'라며 SNS는 실시간 업데이트 되고 메신저 대화창이 열려 있는 디자이너직에 종사하는 사람들은 말할 것도 없이 열외 대상이다. 아쉽지만 이러한 상태에 있는 디자인직 종사자들은 미래가 없다. 기대도 없다. 월급이 아깝다.

얼마 전 '퇴사시키고 싶은 직원'이 포털사이트에 며칠 동안 올라 있었다. 1위에는 '매사에 불평불만이 많은 직원'으로 꼽혔고, 2위로는 '근무 태도가 불량한 직원', 3위로는 '업무 능력 및 성과가 떨어지는 직원'으로 나타났다. 안타깝게도 많은 디자인 종사자들에게서 기업 칭찬을 들어본 적이 없으며 상사 존경심을 느껴본 적이 없다. 또한 상사도 부하직원에 대한 칭찬에 인색한 경우가 많았다. 늘 불평불만과 대체적으로 이렇다 할 성과가 나오지도 못한다.

무엇이 우리를 이렇게 만들고 있는 것일까? 동질성을 느끼며 서로를 다독이기보다는 보이지 않는 경계심과 질타심으로 꾹꾹 누르고 있다. 그러한 가운데 자신의 업무에 재미를 느끼며 긍정적인 생각과 앞선 행동을 가진 많은 디자이너들이 있다. 약속을 잘 지키며 자신을 낮출 줄 알고 말보다는 듣는 것을 우선시하는 야무진 디자이너들에게는 반드시 행복한 기회가 주어진다. 행운은 노력한 사람에게 주어지는 바우처 같은 것이다. 밝고 긍정적이며 자신이 가진 기회를 최대한 활용하며 자신의 것으로 잘 변환하는 디자이너들은 큰 성취를 이루는 날이 점점 다가오게 된다. 그러한 그들의 에너지를 주변인들이 먼저 느낀다. 발산되는 따뜻함과 열정은 상대방을 소리 없이 감동시킨다.

디자인의 업무는 커뮤니케이션이라 해도 과언이 아니다. 관계 안에서 고리를 엮고 테마를 만들어간다. 그러기에 언어사용은 더욱 중요하다. 고객에게는 명확한 전달을 그리고 동료 간에 오해 없는 개방된 대화를 상하 조직 간에 존중과 예의에 맞는 격식 있는 언어 사용은 커뮤니케이션을 부드럽게 만든다. 소문의 진상을 찾기 위해 법정까지 이르게 하는 현실이다. 무분별한 언어사용과 뒷담화 및 근거 없는 이야기를 자신의 보호막처럼 서글프게 읊조리는 어리석은 행동을 멈추었으면 한다. 자신감을 가진 자신의 디자인에 더 큰 목소리를 뿜어내기를 바란다. 2년간 학회의 국제공모전 통역을 통해 심사참여를 하게 되었는데 발전하는 학생들의 모습과 자신의 노력을 놓칠세라 잘 엮으려는 모습은 감동이었다. 자신을 믿고 계속 발전하여 차후의 그들을 기대하게 된다. 또한 부단히 노력하며 개성 있는 자신의 전문성을 가꾸는 경력자들에게서 설렘을 느끼기도 한다.

스스로의 능력을 발견하고 가꿀 수 있는 기업은 많지 않다. 자신의 역할을 잘 보여줄 수 있는 기업을 찾아 그 기업의 원하는 조건에 부합된 능력을 준비하고, 자신의 역할이 기업에 반드시 필요한 존재로 자리 잡을 수 있도록 노력해보기를 바란다. 그리고 나서 자신의 노력 대가를 당당히 요청하고 더 좋은 기업과의 관계를 유지하도록 최선을 다해야 할 것이다. 그러한 터전을 마련해준 기업에 자신을 쏟아 뿌듯한 행복을 누리기를 바란다.

혁신을 이루고자 발버둥치는 중견디자이너들이 있다. 부끄럽지 않은 선임의 역할을 하고자 노력하고 최소한의 존중성을 인정받기 위해 부단히 가꾸는 보석 같은 디자이너들이 있기에 안심이 된다. 노력하고 진정한 디자인의 의미를 되새기는 멋진 디자이너들로 꾸준히 성장하기를 기대한다.

다음은 경력자들에게 현재 인식되는 공간디자인의 수준 및 현 위치에 관한 의견을 설문하였다. 질문의 내용은 아래와 같다. 답변에 관한 내용은 현시점에 관한 직시와 향후 개선해나가야 할 방향을 점검해보기 위한 내용이다.

[설문 내용]

1. 고객을 대하며 느꼈던, 현 고객의 디자인 인식 수준에 대한 개인적 견해를 적어주세요.

2. 현재 대한민국의 설계 수준은 어느 정도인지 실무 중 느끼는 점을 적어주세요.

3. 과거와 비교했을 때, 시공 및 기술에 대한 현재 위치는 어떠한지 적어주세요.

4. 감리실정은 어떠한지, 공사 이후의 관리는 어느 정도로 이루어지고 있는지 적어주세요. 신입의 위치에서 지금 제일 고민되는 점은 무엇인지 적어주세요.

5. 앞으로 인테리어 디자인의 미래는 어떻게 내다보고 있는지, 개선 바람이 있다면 무엇인지 적어주세요.

[설문자 1~7년 차]

1. 예전에 비해 디자인 의식이 많이 높아졌다고, 오히려 더 많은 정보를 말하는 고객도 있다. 물론 소수지만 전반적으로 관심이 많아진 것은 사실인 듯하다. 그러나 금전적인 문제와는 좀처럼 연결되지 않고 있다.

2. 한국의 실정상 외국과는 많은 차이가 있어 어떻게 말하기는 조심스럽지만 스케일 면에서는 아직 많이 떨어지는 듯하다.

3. 크게 달라진 점은 잘 느끼지 못하겠다. 시공 경력이 오래되지 않아서 답변이 어렵다.

4. 사실상 사후관리는 잘 이루어지지 않고 있다. 다른 공사스케줄 때문이기도 하지만 관리의 경계가 모호하고 보수 정도의 일만 잘 진행된다. 금전적인 문제와 연관되면 디자이너와 클라이언트 모두 소극적이 되는 게 현실이다.

5. 클라이언트의 설계비 개념이 많이 좋아지긴 했지만 눈이 높아진 것에 비해 현저히 떨어진다. 디자이너들도 스타일만 쫓지 말고 좀 더 폭넓은 공간감을 구현했으면 하는 바람이 있다. 클라이언트의 의식수준도 많이 올라가 적극 수용하고, 합당한 대가에도 관대해졌으면 한다.

[설문자 2~10년 차]

1. 인터넷의 발달과 검색의 활성화로 인해 다양한 정보를 습득하고 미리 준비가 되어 있는 고객들을 만나왔으며 본인이 원하는 것을 정확히 아는 경우가 많아 인식 수준은 많이 발전했다는 느낌이다.

2. 해외 디자인의 카피와 반복의 연속, 창의성의 부재가 느껴진다. 어떤 것이 유행하면 금방 쫓아가는 느낌이다.

3. 시공기술은 과거와 비교했을 때, 많이 발전했다고 느끼며 도전 또한 많이 하는 것으로 느껴진다.

4. 감리는 현장상황에 맞게 그때그때 이루어지는 듯하고 공사 이후의 관리는 약 1년 정도로 이루어지고 그 이후는 관리가 이루어지지 않는다.

5. 건축과 인테리어의 경계는 많이 무너지고 있다고 생각된다. 디자이너라면 탄탄한 프로세스를 바탕으로 이것저것 짜맞춤이 아닌 소신 있는 디자인을 해야 한다고 생각한다.

[설문자 3~11년 차]

1. 매스컴에 나오는 형태의 디자인에 대해 선망하는 의견이 다수
이다. ~풍, ~스타일 등 보이는 이미지에 대한 느낌으로 형태를 만
들어주길 원하는데, 근원적인 콘셉트에 대한 이해가 부족한 것이 아
닌가 한다.

2. 설계는 서비스라는 인식이 대부분이다. 건축과 인테리어의 차
이이다. 시공를 하면 설계비는 그냥 포함된다고 생각하는 게 대다수
이다.

3. 젊은 회사와 전통 있는 회사의 갭(gap)이 크다. 젊은 회사의 경
우 다소 실험적인 요소들에 대한 수용력이 큰 데 비해 전통적이 큰
규모의 회사의 경우 기존의 사례들을 답습하는 경우가 대다수이다.

4. 감리를 하더라도 금전적인 권한을 갖지 않는 경우가 대다수라
감리를 한다는, 감리를 해야 된다는 의도가 없다. 감리의 강제권 등
이 없다. 클라이언트가 직접 관여하지 않는 한 설계대로 시공되는
경우는 미약하다.

5. 보다 소득수준이 높아진다면 좋아질 수도 있을 거라고 생각한
다. 아직 창의적인 무형의 자산에 대한 가치부여, 즉 투자할 수 있는
클라이언트의 마음가짐이 준비되어 있지 않다고 생각한다.

[설문자 4~11년 차]

1. 높은 생활수준 등으로 디자인 인식이 높아졌다. 현실성은 없지
만 원하는 부분은 많다.

2. 설계는 소위 'Design Fee'은 인정하지 않는다.

3. 시공은 아직 감성을 담지 못하고 있다. 기술은 늘었지만 표현, 생활을 담지 못하고 있다.

4. 디자인=현실(감리 100%). 금액, 현장 상황에 따라 최종결과에 영향을 준다. 그리고 공사 이후 관리는 잘 되지 않는다.

5. 미래는 밝다. 또한 항상 새롭길 바란다.

[설문자 5~10년 차]

1. 고객에게 디자인은 모든 부분을 결정하는 데 있어 첫째로 꼽을 정도로 중요해졌다. 현재 현업에서도 디자인을 우선시해 주고 그다음(영업, 생산 등)이 따라가게끔 순서를 정해주고 있다(마켓오과자, 아이폰 등은 대표적인 디자인을 우선시해 성공시킨 제품이다).

2. 설계, 아직까지도 카피의 수준이다. 더 심해졌다. 현장에서 모든 것을 풀어야 하고, 실시설계 도서는 기존 타 도면을 카피해서 납품되어 있고, 현장에서 다시 풀어야 한다. 그러다 보면 디자이너 의도는 다 없어지는 게 다반사이다. 감리가 그런 역할을 해야 하는데 설계자가 감리로 나가는 경우는 별로 없다.

3. 물론 현장소장이 누가 나오냐에 따라 시공 기술은 달라지겠지만 좋은 재료 좋은 기술이 많이 전파되어 있다. 그러나 답습하는 안 좋은 습관들이 많던데 경험을 통해서 시공이 변화되어야 할 것으로 본다. 경험 적은 발주처가 요구한다고 무조건 시공 말고, 또한 실리콘을 너무 남발하지 말고 말이다.

4. 공사완료 후 고객이 원하는 부분이 있는데 어떻게 할까요? 디

자이너는 무조건 디자인이 깨지니 안 돼요, 이것도 안 돼요 하면, 고객은 알아서 다른 사람을 사서 더 망쳐놓는다. 디자이너는 이후 관리도 소홀히 해서는 안 된다. 물론 AS도.

5. 지금까지도 그래 왔지만 순수미술과의 경계가 더 모호해질 것 같다. 장난스러운 디자인, 필에 미쳐 만들어진 디자인, 그저 말로 하는 디자인이 난무할 것 같다. 정당한 대가를 받고 전문가로 대접받는 시대, 전문가다운 행동, 사후관리를 중요시 생각하는 이들이 많았으면 좋겠다(추상적인 얘기겠지만). 그리고 어느 분야건 전문가가 있다. 경계를 넘어서려는 행동은 조심해야 한다. 전문집단이 하나의 완성품을 만들었으면 좋겠다.

직장인으로서 '건강한 성격의 소유자'라고 지칭할 수 있으려면, 최소한 아래와 같은 사항이 필요할 것으로 여겨진다.

1. 긍정적이고 불평불만이 적다.
2. 약속을 잘 지키는 편이다.
3. 계획을 잘 세우고 실천도가 높다.
4. 융통성이 있고 이해력이 좋은 편이다.
5. 미소가 밝고 웃는 편이다.
6. 조급하기보다는 여유가 있다.
7. 미루는 습관이 적고 대체로 부지런하다.

디자이너들에게 아침은 힘든 시간이고 약속을 지키는 것엔 둔한 편이다. 비판적인 토론이 많고 아집 같은 성향이 짙다.

EPILOGUE

현명한 디자이너는 리더의 역할과 같다. 무조건 우두머리가 되라는 것이 아닌 조직관리와 대인관계를 이끄는 커뮤니케이션 활동이 중요하다는 것이다. 개선과 창의적 활동을 이루는 디자이너 질은 문제점에 관한 수용과 순발력 있는 좋은 판단을 가질 수 있어야 한다.

20년 이상 전문가가 배출되었음에도 불구하고 그들에게 제대로 된 전공자 역할을 할 수 있는 배경이 만들어지지 않은 현재의 모습에 본인도 씁쓸함과 부끄러움이 느껴진다.

전체적으로 디자인 표현어휘 및 전문용어를 줄이고 쉬운 대화문체 타입으로 조심스럽게 작성하려 하였다. 솔직하게 쓰고 싶은 이야기를 일부러 배제하며, 질타적이고 직선적인 서술내용을 완화시켜 작성하였다. 관행적으로 악습이 되는 직접적인 이야기를 담지 못한 아쉬움이 있다. 전반적인 문제중심의 거리들을 나열한 것으로 모든 디자이너의 문제로 확대해석하여 몰지 않기를 바란다.

중요한 것은 시작이라는 생각이 들었다. 디자인 영역은 빛 좋은 개살구 상태에서 벗어나야 발전할 수 있다. 변화 없이 버티기만 하는 것은 트렌드와 문화를 선도하는 디자인 분야에서 맞지 않는 태도인 듯하다. 현명하고 수준 높은 전문성으로 성장하기 위해 잘못되고 고질적인 문제를 풀어가기 시작해야 한다.

여기에 담긴 이야기는 '좋은 디자이너 되기'가 아닌 디자이너들의 작업실에 관한 현황에 대한 작은 토로이다. 현 디자이너 생활의 극히 작은 부분에 지나지 않는다. 단점을 인정하고 개선하며 노력하는 사람이 진정한 승자가 되지 않을까. 앞으로 성장하고 수정되어 가는 우리의 모습을 차례차례 나열해가고 싶다. 문화와 어울림을 가지는 디자인의 흐름을 그려가며 사람의 삶을 선도하는 중요한 역할을 하고 있음을 증명하고 싶다. 차후 디자인 가치를 존중하는 프로젝트의 과정과 사회에 좋은 영향력을 주고 멋진 성장을 이룬 디자인 문화를 재조명할 수 있는 기회를 바란다.

불광불급(不狂不及), 미친 듯 덤벼들어야 무언가를 이룰 수 있는, '미치지 않으면 미치지 못한다'는 말이 있다. 디자이너들은 감각 있고 능력 있는 유쾌한 사람들의 집단이다. 멋진 미래를 그리며 지금까지 그러했듯이 열정적인 아름다운 모습을 공유하는 우리가 되기를 진심으로 바란다.

마지막으로 부족한 시간에 설문에 응해준 분들께 작은 감사의 인사를 드리며 글에 대한 조언과 격려를 해준 여러 지인분께 감사드린다.

신동관

상명대학교 디자인대학 실내디자인학과 예술학 학사
건국대학교 건축전문대학원 실내건축설계학과 건축학 석사
Chelsea College of Art and Design MA Interior & Spatial Design 예술학 석사
상명대학교 일반대학원 조형예술디자인 미술학 박사
C.H.A. 취득(Certified Hotel Administrator)_American Hotel & Lodging
Educational Institute 주관

2014 국제과학 창의콘퍼런스 창의적인 공간 워크숍 패널 초청 참석
서울특별시 디자인정책과 신규 제안사업 자문위원(2012)
한국실내건축가협회(KOSID) IFI 우수상 수상
한국인테리어대전 특선 수상
한국실내건축가협회(KOSID) 신인 디자이너상 수상
제1회 개인전 The Portrait Between The Relationship(두산 아트스퀘어, 2010)
제2회 개인전 The pattern of "oneday afternoon"(서울시 강남트렌드센터, 2012)
서울패션위크 2010 F/W 곽현주 런웨이 무대공간 연출

BANYAN TREE CLUB & SPA SEOUL 공간디자인 외·내부 기획 및 설계
현대그룹 양평 연수원 BLOOMVISTA 특화 설계
더헤리티지(THE HERITAGE) CCRC 실내공간디자인 기획 및 설계
보바스기념병원 실내공간디자인 부분 설계
서울대학교 대학원 교육연구동 신축공사 실내공간디자인 설계
도곡동 타워팰리스 3차 실시 설계

㈜최작부설디자인연구소장
동해스틸텍㈜ 디자인사업부 타이키공간디자인연구소(TYCHE SDI) 소장
연세대학교 생활과학대학 실내건축학과 외래강사
상명대학교 디자인대학 실내디자인학과 외래강사
(사)한국문화공간건축학회 회원
(사)한국실내디자인학회[KIID] 정회원
(사)한국공간디자인학회[KISD] 정회원
(사)노년학회 정회원
(사)한국색채학회 정회원

『은퇴하고 어디서 어떻게 살까』
『지속가능한 실내디자인』
「창의적 업무지원을 위한 공용공간 활성화 현황조사에 관한 연구」
「노인공동주거시설의 공용공간 특성에 관한 연구」
「실내공간디자인 구조는 건축의 관점과 달라야 한다」
「지속적인 시니어리빙을 위한 공간지침」
「이미지 스케일에 따른 트렌드 중심의 실내디자인 표현어휘 연구」
「실내디자인 이미지 유형의 특성에 따른 표현어휘 연구」
「노인공동주거 단지 내에 공용공간 설계 개념에 관한 연구」
「21C 신 주거스타일 변화 및 APT 실내디자인 트렌드에 대한 연구」
「GUI 활용을 통한 공공간의 상호작용」
「Culture as Repetition」
「'간(間)' 개념에 의한 亭子空間의 연구」

그래도,
난
공간디자이너

초판인쇄 2015년 8월 7일
초판발행 2015년 8월 7일

지은이 신동관
펴낸이 채종준
펴낸곳 한국학술정보㈜
주소 경기도 파주시 회동길 230(문발동)
전화 031) 908-3181(대표)
팩스 031) 908-3189
홈페이지 http://ebook.kstudy.com
전자우편 출판사업부 publish@kstudy.com
등록 제일산-115호(2000. 6. 19)

ISBN 978-89-268-7054-9 13040